2015년 10월15일 1판1쇄 발행 | 2023년 5월20일 1판13쇄 발행

글사진 | 김종문   그림 | 이경국
펴낸이 | 나춘호   펴낸곳 | (주)예림당   등록 | 제2103-000041호
주소 | 서울시 성동구 아차산로 153
구매 문의 전화 | 561-9007   팩스 | 562-9007
책 내용 문의 전화 | 3404-9251
http://www.yearim.kr

책임개발 | 전윤경/서인하   디자인 | 이정애/강임희
사진 | 이건무   콘텐츠제휴 | 문하영/박정현
제작 | 신상덕/박경식   마케팅 | 임상호/전훈승

ⓒ 2015 김종문, 예림당
ISBN 978-89-302-6873-8 73400

사진 협조 p.71 코클로디니움 ⓒ국립수산과학원

*이 책은 저작권법에 따라 보호받는 저작물이므로 무단 전재와 무단 복제를 금합니다.
 이 책의 표지 이미지나 내용 일부를 사용하려면 반드시 (주)예림당의 서면 동의를 받아야 합니다.

*이 책에는 아모레퍼시픽에서 제공한 **아리따글꼴**이 적용되어 있습니다.

*이 책은 한국출판문화산업진흥원의 2015년 '우수출판콘텐츠 제작 지원' 사업 당선작입니다.

어린이제품 안전특별법에 의한 제품 표시사항

제품명 | 도서   제조자명 | (주)예림당   제조국명 | 대한민국   전화번호 | 02)566-1004
주소 | 서울시 성동구 아차산로 153   제조년월 | 발행일 참조   사용연령 | 8세 이상

주의! 책의 모서리가 날카로우니, 던지거나 떨어뜨려 다치지 않도록 주의하세요.

지구를 지키는 작은 생명체

플랑크톤의 비밀

글·사진 **김종문** 그림 **이경국**

머리말

그동안 무심코 지나쳤던 물 한 방울 속 작은 세상을 만나 보세요

미국의 생물학자이자 작가인 레이첼 카슨은 그녀의 책 ≪자연의 경이로움(The Sense of Wonder)≫에서 다음과 같이 말합니다.

"평소 무심코 지나쳤던 것들을 돋보기로 세심히 들여다보면 새로운 세계가 펼쳐질 것이다. 모래알은 반짝이는 수정이나 흑옥 같은 보석으로 보일 것이며, 이끼는 울창한 열대 정글로, 그 안의 곤충은 숲 속을 어슬렁거리는 호랑이로 보일 것이다. 수초 한 잎, 나무의 꽃눈과 잎눈, 그 어떤 작은 생물이라도 우리가 전혀 생각지 못했던 아름다움을 보여 줄 것이다."

플랑크톤, 누구나 한 번쯤 들어본 적이 있을 것입니다. 플랑크톤은 우리 주변에 늘 있었고, 인간을 비롯한 거의 모든 생물이 플랑크톤과 관계를 맺고 살아갑니다. 하지만 플랑크톤을 전문적으로 연구하는 사람이 아니고서야 여전히 익숙하지 않은, 흔히 만나 보지 못한 비밀스러운 생물이 플랑크톤이기도 합니다.

호기심의 돋보기를 통해 들여다보면 레이첼 카슨이 말한 것처럼 그동안 무심코 지나쳤던 놀라운 플랑크톤의 세계가 펼쳐집니다. 비록 이 책에서는 방대한 플랑크톤의 세계 중 극히 일부분밖에 보여 줄 수 없지만 이것을 통해 우리가 평소 생각하지 못했던 플랑크톤의 존재와 중요성, 플랑크톤과 우리 인간이 맺고 있는 생태적 연결 고리를 이해할 수 있게 되면 좋겠습니다.

책에 실린 모든 플랑크톤 사진들은 가까운 바닷가와 동네 연못에서 채집하여 살아 있는 상태에서 찍은 것입니다. 여러분도 만약 집이나 학교 과학실에 현미경이 있다면 직접 플랑크톤을 채집해 살아 움직이는 모습을 관찰해 보세요. 책에서 소개하지 않은 플랑크톤과의 특별한 만남이 기다리고 있을지 모릅니다.

김종문

차례

1장 플랑크톤이 대체 뭐야?

- 플랑크톤이란? … 15
- 중요하고 고마운 플랑크톤 … 19
- 플랑크톤 채집과 관찰 … 24
  - 상식up 플랑크톤 채집은 내가 사는 곳 주변부터 … 35

2장 바다의 식물 플랑크톤

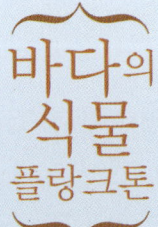

- 아름다운 껍데기를 가진 규조류 … 40
  - 독립형 규조류
    - 코스키노디스쿠스 | 코레쓰론 | 라이소솔레니아 | 나비쿨라 | 자이로시그마 | 아크난테스
    - 상식up 규조류는 어떻게 번식할까? … 48
  - 사슬형 규조류
    - 쌀라시오사이라 | 스켈리토네마 | 오돈텔라 | 디틸룸 | 유캠피아 | 케토세로스 | 스테파노픽시스 | 수도니치아 | 쌀라시오니마 | 에스테리오넬라
    - 상식up 바다의 사계절 … 60
- 꼬리를 살랑살랑, 와편모조류 … 62
  - 알렉산드리움 | 쎄라슘 | 다이노피시스 | 녹티쿨라 | 프로토센트룸 | 프로토세라슘 | 프로토페르디니움
  - 상식up 적조란 무엇일까? … 70

3장 바다의 동물 플랑크톤

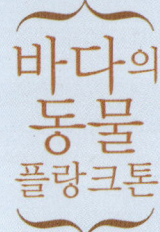

- 언제나 떠돌이, 영구 플랑크톤 … 75
  - 요각류 | 지각류 | 섬모충류 | 유종섬모충류 | 윤충류 | 패충류
  - 상식up 물개 한 마리는 하루에 얼마나 많은 식물 플랑크톤을 먹을까? … 83
  - 유형류 | 해파리 | 빗해파리 | 모악류
  - 상식up 플랑크톤은 어떻게 물에 떠 있을까? … 88
- 잠깐만 떠돌이, 임시 플랑크톤 … 89
  - 게 | 조개 | 갯지렁이 | 따개비 | 성게 | 불가사리 | 물고기
  - 상식up 임시 플랑크톤 과정을 거치면 어떤 점이 좋을까? … 97

4장 연못의 식물 플랑크톤

원시 식물, 남조류 ··· 102
흔들말 | 염주말

아주 작은 풀, 녹조류 ··· 105
해캄 | 반달말 | 장구말 | 팔장구말 | 뗏목말 | 훈장말 | 나팔말 | 시누라 | 고니움 | 유도리나
상식up 녹조 현상 ··· 116

연못의 규조류 ··· 117
사이클로텔라 | 스테파노디스쿠스 | 심벨리아 | 나비쿨라 | 피눌라리아 | 에스테리오넬라 | 플라질라리아 | 바실라리아 | 타벨라리아 | 그 외 규조류들
상식up 플랑크톤으로 사인을 밝힌다 ··· 128

연못의 와편모조류 ··· 129
페리디니움 | 김노디니움

식물과 동물이 하나로, 편모충류 ··· 131
유글레나 | 파쿠스 | 트라켈로모나스

5장 연못의 동물 플랑크톤

작은 털이 빽빽한 섬모충류 ··· 139
짚신벌레 | 프론토니아 | 블레파니즈마 | 디디니움 | 콜렙스 | 종벌레 | 나뭇가지종벌레 | 나팔벌레 | 스틸로니키아
상식up 우와~ 동물의 왕국 축소판 ··· 150

헛다리를 휘적휘적, 위족충류 ··· 151
아메바 | 아르셀라

가시가 삐죽삐죽, 태양충류 ··· 154
악티노스패리움 | 악티노프리스 | 아칸토시스티스
상식up 자연은 최고의 디자이너 ··· 157

수레바퀴가 달린 윤충류 ··· 158
케라텔라 | 레파델라 | 브라키오누스 | 그 외 윤충류들

더듬이가 멋진 요각류 ··· 164
칼라노이드 | 사이클로포이드

큰 눈이 매력적인 지각류 ··· 166
물벼룩

조개를 닮은 패충류 ··· 168
사이프로돕시스

화보 ··· 8   부록 ··· 170   찾아보기 ··· 174

우주 정거장과 우주인

우주인 3명이 우주 유영 연습을 마치고
우주 정거장으로 귀환하고 있다.
우주 정거장에는 멋진 태양 전자판이
8개나 달려 있다.
우주 정거장은 해파리의 유생인 에피라,
우주인들은 따개비의 유생인 노플리우스이다.
에피라는 성체가 되기 직전의 어린 해파리이고,
노플리우스는 알에서 막 나온 유생이다.
이 두 플랑크톤의 조합이 멋진
우주 풍경을 만들었다.

새로운 모습으로

많은 날들을 준비하며 기다린 꽃봉오리가 드디어 아름다운 꽃으로 그 모습을 드러내기 전날 밤이다. 아직 깊은 어둠 속에 있지만 이 꽃은 벌써 아침을 준비하고 있다. 움츠린 에피라의 모습은 막 피어나려는 꽃잎을 닮았다. 날이 밝으면 꽃잎이 활짝 열리고 벌과 나비를 부르며 꽃이 절정기를 맞듯, 에피라도 몸을 활짝 펼치고 훌쩍 성장해 어른 해파리로 자랄 것이다.

병 속에 든 편지

휘몰아치는 태풍에 성난 파도는 마을 앞 백사장에 많은 것들을 끌어다 놓았다. 조개껍데기는 물론, 어디서 왔는지 알 수 없는 나무 파편들과 찢긴 그물 조각이 널려 있는 가운데 수수께끼의 병 하나가 놓여 있다. 병 속에는 여러 번 접힌 누런 종이가 들어 있다. 사실 병처럼 생긴 이 플랑크톤은 유종섬모충으로, 밑부분이 입구다. 여기로 섬모를 내어 먹이를 먹는다. 그러다 위협을 느끼면 재빨리 섬모를 껍데기 속으로 숨긴다.

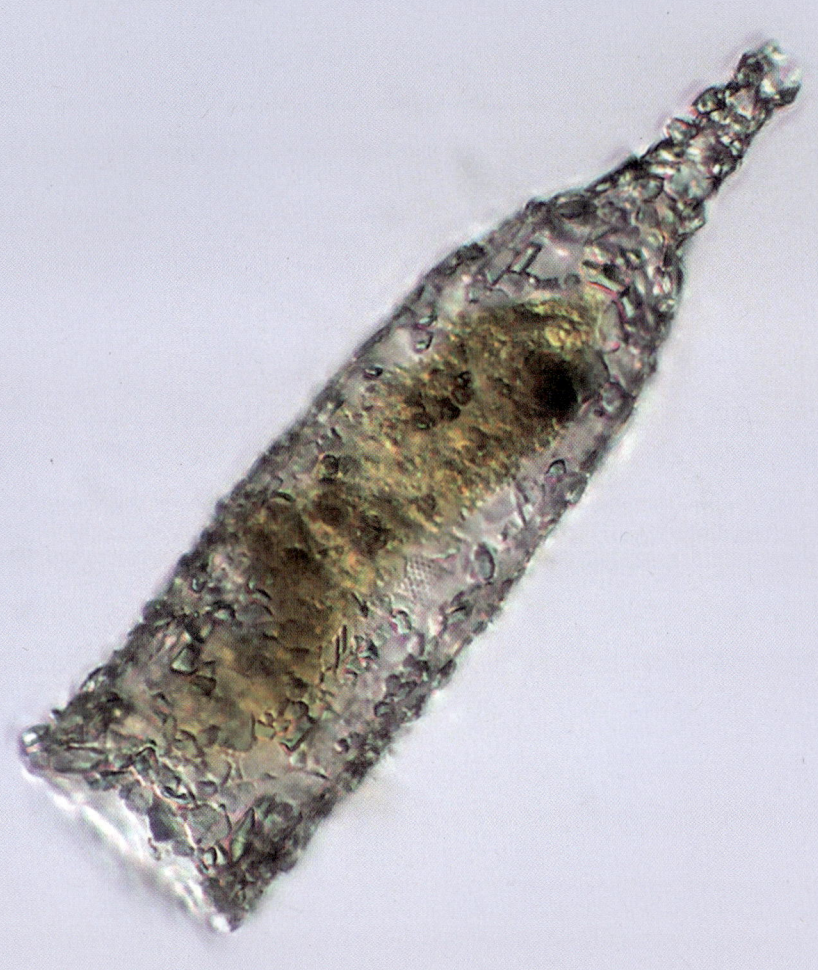

작은 태양

회색빛 하늘에 붉은 태양이 떠 있다. 찬란한 그 빛이 금세라도 회색 하늘을 붉게 물들일 것 같다. 태양충은 공 모양에 긴 가시 같은 위족들이 방사형으로 돋아 있어 마치 햇살이 뻗어 나가는 듯 보인다. 컴퓨터 프로그램으로 원본 이미지에 붉은 색감을 입힌 것이지만, 그 형태만으로도 태양충이란 이름이 참 잘 어울리는 플랑크톤이다.

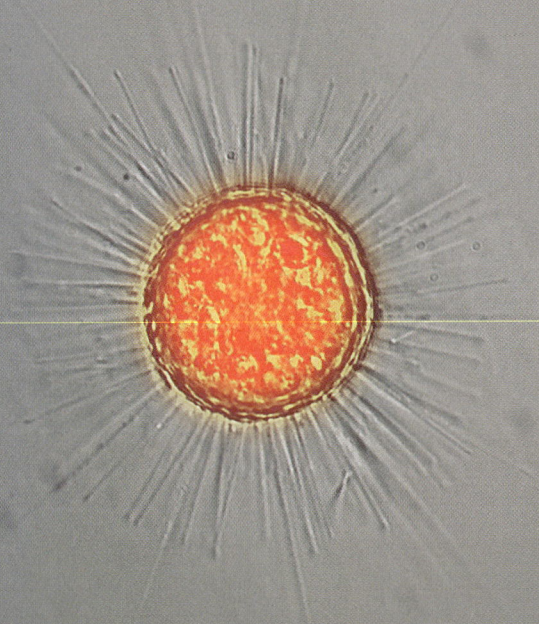

불고기 피자

현미경 관찰을 하다가 출출해졌다. 간식으로 무엇을 먹을까 생각 중에 때마침 현미경 시야에 들어온 그것은 불고기 피자. 노릇하게 구워진 얇은 피자크러스트에 불고기가 잔뜩 토핑된 피자를 보니 군침이 절로 넘어간다.
코스키노디스쿠스는 전 세계 바다에 널리 분포하는 식물 플랑크톤이다. 껍데기(세포벽)의 무늬와 불규칙하게 배열된 엽록체들이 영락없이 피자의 모습을 그대로 닮았다.

1. 플랑크톤이 대체 뭐야?

플랑크톤이란?

우리가 아는 모든 생물들에게 있어 물은 생명을 유지하는 데 반드시 필요한 물질입니다. 그렇기 때문에 바다와 강, 호수, 연못은 물론이고 빗물이 고인 작은 웅덩이까지 물이 있는 곳이라면 그곳은 다양한 생물들의 서식처가 됩니다. 다만 어

떤 종류의 생물이 사는지가 다를 뿐이지요.

빗물이 고인 작은 병 속에는 아무 생물도 없다고요? 혹시 너무 작아서 안 보이는 건 아닐까요? 맨눈으로는 볼 수 없는 미세한 생물까지 포함하면 자연적인 상태의 물이 있는 곳에는 어떤 형태로든 생물이 산다고 보아도 좋을 것입니다.

물에 사는 생물들은 살아가는 모습에 따라서 크게 세 가지로 나뉩니다. 바닥 생활을 하는 생물, 헤엄을 치는 생물, 그리고 떠다니는 생물이 그것입니다. 이 중 물에 둥둥 떠다니는 생물을 통틀어서 '플랑크톤'이라고 하는데, 한자로 '부유 생물(浮遊生物)', 순우리말로 '떠살이생물'이라고도 부릅니다. 이 책에서는 가장 널리 쓰이는 표현인 플랑크톤이란 용어를 쓰기로 하겠습니다.

플랑크톤이라고 해서 모두 물에 가만히 떠 있기만 하는 것은 아니며 어떤 종류는 스스로 헤엄치기도 합니다. 그러나 운동 능력이 워낙 약해서 물의 흐름을 거슬러 이동할 수는 없습니다. 그러므로 아주 작은 생물들은 모두 플랑크톤이라고 보아도 될 것입니다.

해파리처럼 제법 큰 생물이라도 물의 흐름을 거슬러 헤엄칠 수 없다면 모두 플랑크톤으로 분류합니다. 결국 플랑크톤은 수 마이크로미터(㎛. 1000분의 1밀리미터)에서 수십 미터에 이르기까지 크기가 다양한 셈입니다.

자, 이젠 플랑크톤의 의미를 분명히 알겠지요? 플랑크톤은 다음과 같이 여러 가지 기준으로 분류할 수 있습니다.

크기에 따라

- 0.2~2㎛ 초미소 플랑크톤(예:박테리아)
- 2~20㎛ 미소 플랑크톤(예:작은 규조류)
- 20~200㎛ 소형 플랑크톤(예:대부분의 식물 플랑크톤)
- 0.2~2㎜ 중형 플랑크톤(예:요각류)
- 2~20㎜ 대형 플랑크톤(예:모악류)
- 20㎜~ 거대 플랑크톤(예:해파리)

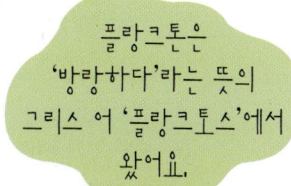

플랑크톤은 '방랑하다'라는 뜻의 그리스 어 '플랑크토스'에서 왔어요.

영양소 섭취 방법에 따라

- 스스로 양분을 만드는 식물 플랑크톤
- 박테리아나 식물 플랑크톤 또는 더 작은 동물 플랑크톤을 먹어 양분을 얻는 동물 플랑크톤

살아가는 형태에 따라

- 평생 동안 부유 생활을 하는 영구 플랑크톤
- 일생의 한 시기만 플랑크톤 생활을 하는 임시 플랑크톤

사는 장소에 따라

- 민물에 사는 담수 플랑크톤
- 바닷물에 사는 해양 플랑크톤

이 책에서는 편의상 연못에서 채집한 플랑크톤을 연못 플랑크톤, 바다에서 채집한 플랑크톤을 바다 플랑크톤으로 부르기로 합니다.

중요하고 고마운 플랑크톤

만약 물속에 플랑크톤이 없다면 어떤 일이 벌어질까요? 이건 '만약 육지에 풀이 없다면 어떤 일이 벌어질까요?'와 똑같은 질문이라고 할 수 있습니다. 과연 무슨 일이 일어날까요?

식물은 광합성을 통해 탄수화물 같은 영양물질을 스스로 만들어 냅니다. 그리고 육지의 초식 동물들은 나무와 풀을 먹고 살아가는 데 필요한 영양물질을 얻습니다. 그러니까 풀이 사라지면 초식 동물이 사라질 것이고, 초식 동물을 먹고 사는 육식 동물도 차례로 줄어들 것입니다. 그리고 결국은 모두 사라지겠지요.

물속 생태계도 육지와 마찬가지로 식물 플랑크톤이 생물들이 살아가는 데 필요한 영양물질을 만들어 냅니다. 그러므로 식물 플랑크톤이 사라지면 이를 먹고 사는 동물 플랑크톤이 사라지게 되고, 결국 동물 플랑크톤을 먹고 사는 물속 동물들(예를 들어 멸치나 청어)도 사라지게 되어 물속 생태계는 완전히 무너지게 될 것입니다. 물론 예외적으로 아주 깊은 바닷속에는 광합성이 아닌 화학 합성으로 살아가는 심해 생물들이

육지 생태계 먹이 사슬

있긴 합니다.

물속 생태계 사슬에는 우리 인간도 포함되어 있습니다. 그렇기 때문에 식물 플랑크톤이 줄어들거나 사라지면 우리 인간도 큰 영향을 받게 됩니다. 이렇게 물속 생태계의 기초가 되니 플랑크톤이 중요할 수밖에 없겠지요?

플랑크톤이 중요하고 고마운 또 다른 이유는 우리가 숨 쉬는 데 꼭 필요한 산소를 만들어 내기 때문입니다. 육지 식물은 광합성을 할 때 이산화 탄소를 흡수하고 산소를 내뿜습니다. 식물 플랑크톤 역시 광합성을 해서 산소를 내뿜는데, 그 양이 무려 공기 중에 있는 산소의 절반이나 됩니다.

생각해 보세요. 만약 공기 중의 산소 절반이 사라지면 어떻게 될까요? 산소가 부족해 동물들이 살아남기 힘들겠지요?

또 식물 플랑크톤이 광합성을 통해 이산화 탄소를 흡수해 주는 덕분에 공기 중의 이산화 탄소 양이 일정하게 유지된다는 점도 플랑크톤의 중요한 역할 중 하나입니다.

이산화 탄소는 대표적인 온실가스로, 공기 중에 그 양이 많아지면 지구가 더워지는 지구 온난화를 일으켜 환경에 큰 문제를 야기합니다. 바다는 바로 이 이산화 탄소를 저장하는 창고 역할을 합니다. 즉, 이산화 탄소를 흡수한 식물 플랑크톤이 죽어 바닥에 가라앉거나

바다 생태계 먹이 사슬

최종 소비자
↑
3차 소비자
↑
2차 소비자
↑
1차 소비자
↑
생산자

식물 플랑크톤을 먹은 바다 생물들이 죽어 바닥에 가라앉게 되면 이산화 탄소가 바다 밑으로 운반되는 것입니다. 또한 규조류와 같은 식물 플랑크톤이 대량으로 바다 밑바

닥에 쌓이고 점토층에 묻히면 플랑크톤 안에 있던 기름 성분이 점차 모이게 되는데, 이렇게 수백만 년에 걸쳐 모인 기름 층에서 사람들은 원유나 천연가스를 뽑아 사용합니다.

　이외에도 대량의 규조류 껍질이 퇴적되어 만들어진 규조토는 단열용 충전제나 다이너마이트의 원료로, 석회비늘편모조류나 유공충이 퇴적되어 만들어진 석회암은 시멘트를 만드는 원료로 이용됩니다. 최근에는 플랑크톤으로 기능성 식품이나 의약품을 만들고 바이오 연료까지 생산한다니, 이래저래 참 고마운 플랑크톤입니다.

플랑크톤은 미래의 주요 자원이 될 거예요.

플랑크톤 채집과 관찰

대부분 플랑크톤은 맨눈으로는 안 보일 정도로 아주 작습니다. 그렇게 작은 플랑크톤을 어떻게 채집할 수 있을까요?

플랑크톤 채집은 어부가 그물로 물고기를 잡는 것과 비슷합니다. 다만 잡는 대상이 아주 작기 때문에 '플랑크톤 네트'라는 그물코가 매우 작은 특별한 도구를 사용합니다. 곤충을 잡는 포충망처럼 생겼는데, 물속에 넣고 이리저리 끌고 다니면 물은 그물코 사이로 빠져나가고 플랑크톤만 그 안에 남게 됩니다.

그물코가 얼마나 작은지에 따라 채집되는 플랑크톤의 종류가 다릅니다. 일반적으로 동물 플랑크톤을 채집할 때는 그

네트에 걸린 플랑크톤

잡고 싶은 플랑크톤 크기에 맞춰 그물코 크기를 정해요.

물코 간격이 200마이크로미터(0.2밀리미터) 정도인 네트를 사용하며, 식물 플랑크톤처럼 더 작은 플랑크톤을 채집할 때는 20마이크로미터(0.02밀리미터) 정도의 그물코를 가진 네트를 사용합니다.

〈 플랑크톤 채집에 필요한 도구들 〉

플랑크톤 네트

아래 사진의 왼쪽 두 가지는 판매하는 제품이고 맨 오른쪽은 옷걸이, 천, 페트병을 재활용해 만든 것입니다. 플랑크톤 네트는 과학 기구를 파는 곳에서 살 수 있습니다.

콜렉터

플랑크톤 네트 끝에는 콜렉터가 달려 있습니다. 네트에 걸린 플랑크톤은 콜렉터에 모입니다.

채집병

채집한 플랑크톤을 담기 위한 것으로, 투명한 플라스틱 통이 가볍고 깨질 염려가 적어 좋습니다. 채집 양이 적을 때는 작은 음료수 병을 씻어서 사용해도 됩니다.

굳이 새로 산다면 지름 5센티미터, 높이 10센티미터 정도의 입구가 넓은 통이 쓰기에 좋습니다.

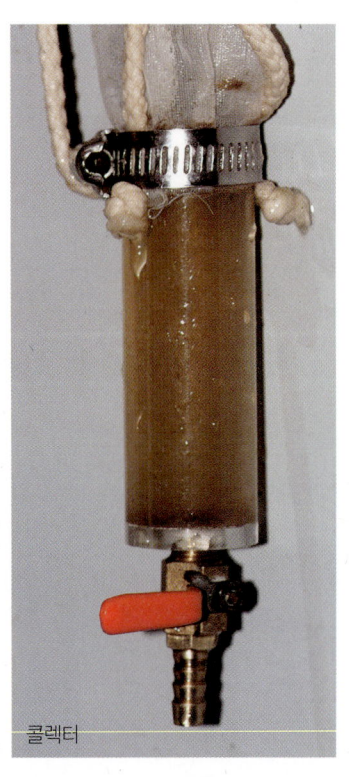
콜렉터

채집병

 **〈플랑크톤을 채집하는 여러 가지 방법〉**

　플랑크톤을 채집하는 가장 일반적인 방법은 배를 타고 가며 네트를 끄는 것입니다. 하지만 배가 없어도 바닷가에서 플랑크톤을 쉽게 채집할 수 있습니다.

　얕은 바다에서는 물속에 들어가 직접 네트를 끌면 됩니다. 단, 얕은 물이라도 혼자 들어가서는 안 되며 꼭 구명조끼를 입어야 합니다. 선착장 같은 곳이라면 네트를 바다로 멀리 던진 다음 네트에 연결된 줄을 끌어당겨서 플랑크톤을 채집할

플랑크톤을 채집할 때는 물살에 휩쓸리지 않도록 매우 조심해야 하며, 만약의 안전사고를 예방하기 위해 반드시 어른과 함께 가고, 언제나 구명조끼를 입고 채집해야 한다.

수도 있습니다.

　만약 밀물과 썰물이 있는 곳이라면 조류를 이용할 수도 있습니다. 네트를 던져둔 채 가만히 서 있으면 물살에 밀려 플랑크톤들이 저절로 네트 안에 모입니다.

 **〈 플랑크톤 관찰에 필요한 도구들 〉**

　이렇게 채집된 플랑크톤들은 어떻게 볼 수 있을까요? 혹시 돋보기를 사용해 보았나요? 돋보기를 이용하면 작은 물체도 크게 확대해 볼 수 있지요. 그러나 확대할 수 있는 배율은 열 배 정도입니다. 그것보다 더 크게 대상을 확대하려면 현미경을 이용해야 합니다.

이 책에 실려 있는 플랑크톤 사진들은 대부분 교육용 생물 현미경으로 40~400배 확대해 촬영한 것들입니다. 즉, 여러분이 집에 가지고 있거나 학교 과학실에 비치되어 있는 생물 현미경이라면 충분히 플랑크톤을 관찰할 수 있습니다.

플랑크톤 채집 및 관찰에 필요한 도구들은 아래 내용을 참고하고, 현미경 관찰에 익숙하지 않은 친구들은 현미경 사용법을 보고 따라해 보세요.

스포이트

채집병에서 시료(플랑크톤이 섞여 있는 바닷물이나 연못물)를 빨아들여 슬라이드 글라스로 옮길 때 필요합니다.

슬라이드 글라스(평판 / 홀슬라이드)

직사각형의 유리판으로, 그 위에 채집한 시료를 한두 방울 떨어뜨립니다. 홀슬라이드 글라스는 가운데가 움푹 패어 있는데, 맨눈으로 봤을 때 작은 점처럼 보이는 정도의 비교적 큰 플랑크톤을 관찰할 때 사용합니다. 그래야 커버 글라스로

덮었을 때 플랑크톤이 눌리지 않습니다.

커버 글라스

정사각형의 얇은 유리판으로, 슬라이드 글라스 위에 떨어뜨린 시료를 덮습니다. 그래야 시료가 얇게 펴지고, 고배율 관찰 시 대물렌즈가 시료에 닿는 걸 방지할 수 있습니다. 커버 글라스를 덮어 현미경 관찰을 할 수 있게 만들어 놓은 걸 프레파라트라고 합니다.

거름종이

시료를 너무 많이 떨어뜨린 경우 커버 글라스를 덮으면 밖으로 시료가 스며 나오는데, 이를 흡수할 때 사용합니다. 없을 때는 화장지를 써도 됩니다.

생물 현미경

가장 일반적인 광학 현미경으로, 광원 장치의 빛이 물체를

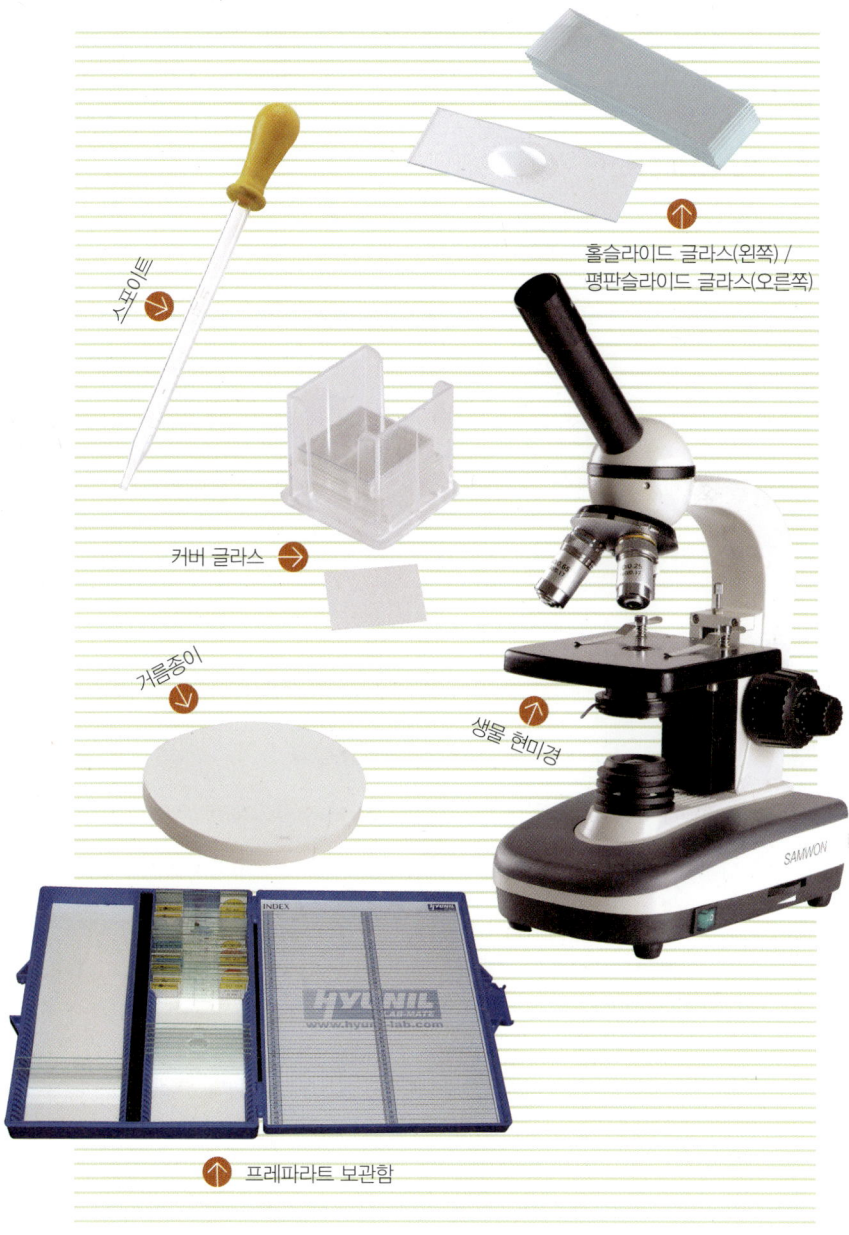

통과해 우리 눈에 비치기 때문에 관찰 대상이 투명하거나 두께가 얇아야 볼 수 있습니다. 관찰 대상의 상하좌우가 반대인 모습을 보게 됩니다.

생물 현미경은 경통이 하나인 단안 현미경과 경통이 두 개인 쌍안 현미경, 카메라까지 설치할 수 있는 삼안 현미경이 있습니다. 관찰 대상을 촬영하고 싶다면 카메라가 내장되어 있는 디지털 생물 현미경을 사용하는 것이 편리합니다.

프레파라트 보관함

원래는 영구 프레파라트 보관함으로, 반드시 필요한 것은 아니지만 슬라이드 글라스를 사용한 후 씻어서 말리거나 보관할 때 편리하게 쓰입니다.

< 현미경 관찰하는 방법 >

순서대로 차근차근 따라하면 쉽게 플랑크톤을 관찰할 수 있습니다. 관찰이 끝나면 항상 주변을 깨끗이 정리하고, 현미경은 먼지 덮개를 덮어 보관합니다.

① 스포이트로 채집해 온 플랑크톤 시료를 빨아들여 슬라이드 글라스 가운데 한 방울 떨어뜨린다.

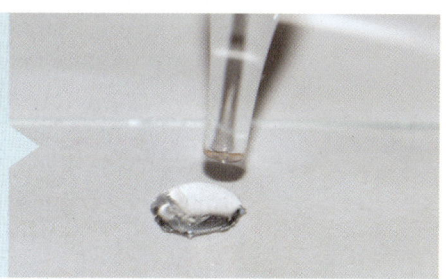

② 커버 글라스를 기울여 시료를 덮으면 프레파라트가 완성된다.

③ 현미경에서 가장 낮은 배율의 대물렌즈가 경통 아래에 오게 한다.

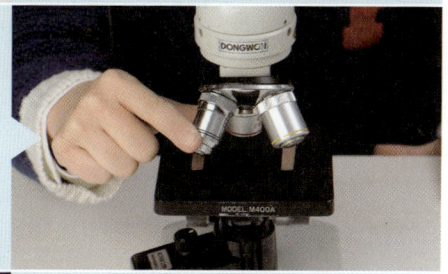

④ 재물대 중앙에 프레파라트를 올려놓고 고정한다.

⑤ 광원 장치를 켜고, 조리개로 시야의 밝기를 조절한다.

6 현미경을 옆에서 보면서 조동나사를 돌려 대물렌즈와 프레파라트의 거리(작업 거리)를 가장 짧게 조정한다.

7 접안렌즈를 보면서 조동나사를 돌려 작업 거리를 점점 멀어지게 하면서 관찰 대상을 찾는다.

8 대상이 보이면 미동나사를 돌려 정확한 초점을 맞춘다.

9 프레파라트를 전후좌우로 움직여 가면서 보고 싶은 관찰 대상이 시야의 가운데 오게 한다.

10 더 높은 배율로 관찰하고 싶으면 그 상태에서 회전판을 돌려 원하는 배율의 대물렌즈가 경통 아래로 오게 한다.

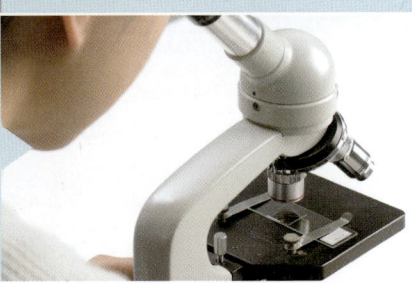

1-1
플랑크톤 채집은
내가 사는 곳 주변부터

플랑크톤은 종류마다 염분, 온도, 유기물 등 좋아하는 환경 조건이 다릅니다. 따라서 논, 호수, 바다 등 서식처에 따라 플랑크톤의 종류가 다르지요. 그래서 여러 플랑크톤을 관찰하려면 다양한 곳에서 채집해야 합니다.

또한 장소가 같아도 계절에 따라 환경이 바뀌기 때문에 볼 수 있는 플랑크톤의 종류도 달라집니다. 한번은 페리디니움을 채집하려고 여러 연못을 찾아다닌 적이 있었습니다. 여름 내내 제법 여러 곳에서 채집을 시도했지만 보지 못해 꽤 실망을 했습니다.

그런데 그다음 해 5월, 내 집 앞 연못에서 페리디니움을 만날 수 있었습니다. 그것도 대량으로! 그렇게 찾아 헤맸는데 내 집 앞에 있었다니, 마치 파랑새를 찾아 긴 여행을 떠났는데 결국 파랑새는 내 집 앞에 있더라는 동화 내용과 꼭 같은 상황이었습니다.

그런데 그렇게 많던 페리디니움도 6월이 되면서 녹조류가 연못을 뒤덮자 어찌된 일인지 감쪽같이 사라졌습니다. 그러니 한여름에 채집했을 때는 없었던 것입니다. 이처럼 플랑크톤 채집과 관찰은 내가 사는 곳 주변에서부터 시작하는 것이 좋습니다.

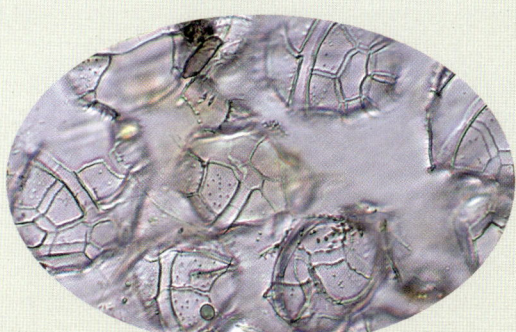

← 페리디니움의 껍데기

와편모조류. 단세포이며 원형, 타원형 등의 형태를 띤다. 세포벽 안에 갑옷 같은 두꺼운 막이 있다.

2. 바다의 식물 플랑크톤

바다에 사는 식물 하면 무엇이 떠오르나요? 김, 미역, 다시마, 파래, 잘피, 청각……, 또 무엇이 있을까요?
　육지에 사는 식물을 수십 가지 말할 수 있는 사람도 바다

에 사는 식물을 열 가지 이상 말하기는 쉽지 않습니다. 왜일까요? 바다에도 육지처럼 매우 다양한 식물이 사는데 말이지요. 그건 아마도 대체로 바닷속 깊이 살기 때문에 만나기가 쉽지 않고 개인적으로 별로 관심을 두지 않기 때문에 그럴 수 있을 것입니다.

우리가 먹는 미역, 다시마, 청각, 파래 같은 바다 식물은 대형 조류에 속한다.

미역   다시마   청각   파래

　　바다에 사는 식물들은 대부분 뿌리, 줄기, 잎, 꽃과 같은 기관이 없지만 육상 식물처럼 광합성을 하고 산소를 만들어 냅니다. 이들을 '조류'라고 부르는데, 그 양이 가장 많은 것은 우리가 잘 알고 있는 다시마나 미역 같은 대형 조류가 아닙니다. 그건 바로 현미경으로 봐야 할 정도로 작은 조류인 식물 플랑크톤입니다.

김웅서 박사는 그의 책 ≪바다의 방랑자 플랑크톤≫에서 "바다는 육지보다 더 광대한 초원이다. 바다에는 우리 눈에 보이지 않는 아주 작은 식물 플랑크톤이 수없이 떠 있기 때문이다."라고 했습니다. 바다에 있는 식물 플랑크톤을 육지의 풀에 비유한 매우 적절하고 멋진 표현이 아닐 수 없습니다.

그럼, 바다의 식물 플랑크톤에는 어떤 종류가 있는지 지금부터 살펴볼까요?

이번 꼭지에서 만나게 될 식물 플랑크톤들이에요.

바다의 식물 플랑크톤		
규조류	독립형 규조류	코스키노디스쿠스 | 코레쓰론 | 라이소솔레니아 | 나비쿨라 | 자이로시그마 | 아크난테스
	사슬형 규조류	쌀라시오사이라 | 스켈리토니마 | 오돈텔라 | 디틸룸 | 유캄피아 | 케토세로스 | 스테파노픽시스 | 수도니치아 | 쌀라시오니마 | 에스테리오넬라
와편모조류		알렉산드리움 | 쎄라슘 | 다이노피시스 | 녹티쿨라 | 프로토센트룸 | 프로토세라슘 | 프로토페르디니움

아름다운 껍데기를 가진 규조류

규조류는 '돌말'이라고도 합니다. 바다의 식물 플랑크톤 중 가장 많은 양을 차지하지요. 여러 가지 형태의 상자 모양을 하고 있는데, 유리의 주성분인 규소로 된 투명하고 단단한 껍데기(세포벽)가 있습니다. 그 무늬가 매우 아름답고 정교해 바다의 숨겨진 보석이라고도 불립니다.

규조류의 세포벽에는 미세한 구멍들이 수없이 많이 있는데, 물속의 이산화 탄소를 받아들이고 산소를 내보내는 통로로 쓰입니다.

규조류는 둥근 모양, 원통 모양, 별 모양, 배 모양, 깃털 모양, 막대기 모양, 바늘 모양 등 그 생김새가 매우 다양합니다. 혼자 살기도 하고 여럿이 사슬이나 덩어리 모양으로 연결되어 있기도 합니다.

독립형 규조류

바다에서 채집한 플랑크톤을 분리·배양하지 않고 그대로 현미경으로 관찰해 보면 여러 종류가 뒤섞여 있는 걸 볼 수 있습니다. 그중 혼자 떨어져 있는 규조류를 발견했다면 다음에 소개하는 것들과 그 특징을 비교해 보세요.

▎ 정교하고 아름다운 코스키노디스쿠스의 무늬

혹시 낮은 배율에서 동전처럼 보이는 납작한 플랑크톤을 발견했나요? 조금씩 배율을 더 높여 400배 정도로 확대해 보았더니 껍데기에 벌집 모양의 정교하고 아름다운 무늬가 보였나요?

이것은 바로 **코스키노디스쿠스**라는 규조류입니다. 가정에서 쓰는 둥근 체와 비슷해 '체돌말'이라고도 하지요. 위 껍데기와 아래 껍데기가 마주보고 포개어져 있는데, 안쪽에 광합성을 하기 위한 엽록체가 불규칙하게 배치되어 있습니다.

▎위에서 본 모습

▎옆에서 본 모습. 위와 아랫부분이 나뉘어 두 개체로 늘어나고 있다. 단세포 생물인 규조류는 세포가 둘로 나누어지는 세포 분열로 번식한다.

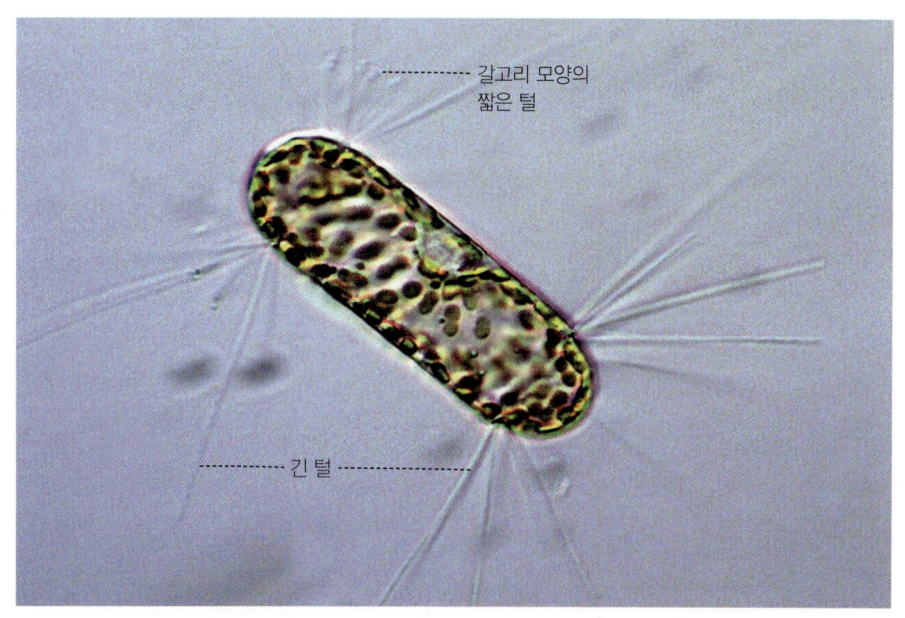

갈고리 모양의
짧은 털

긴 털

양쪽 끝이 둥근 긴 원통 모양의 이 플랑크톤은 **코레쓰론**입니다. 한쪽 끝은 가시처럼 생긴 긴 털들이 바깥을 향해 뻗어 있고, 다른 쪽은 긴 털들과 함께 갈고리 모양의 짧은 털이 나 있습니다. 불규칙한 모양의 엽록체가 들여다보입니다.

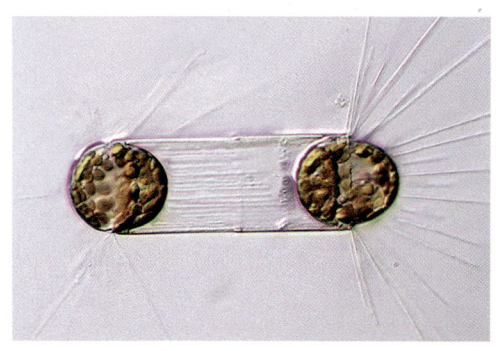

세포 내 물질이 양쪽으로 나뉘어
두 개체로 분리되기 직전의 모습

양쪽 끝을 날카롭게 깎아 놓은 연필처럼 생긴 이 플랑크톤은 **라이소솔레니아**입니다. 투명한 유리관 같은 껍데기 안에 엽록체가 있는데, 종마다 그 굵기와 길이가 다양합니다.

바늘을 아무리 뾰족하게 깎아도 이 플랑크톤처럼 예리하게 만들지는 못할 것입니다. 라이소솔레니아가 대량으로 번식하면 물고기의 아가미를 찌르고 막아서 죽게 할 수도 있습니다.

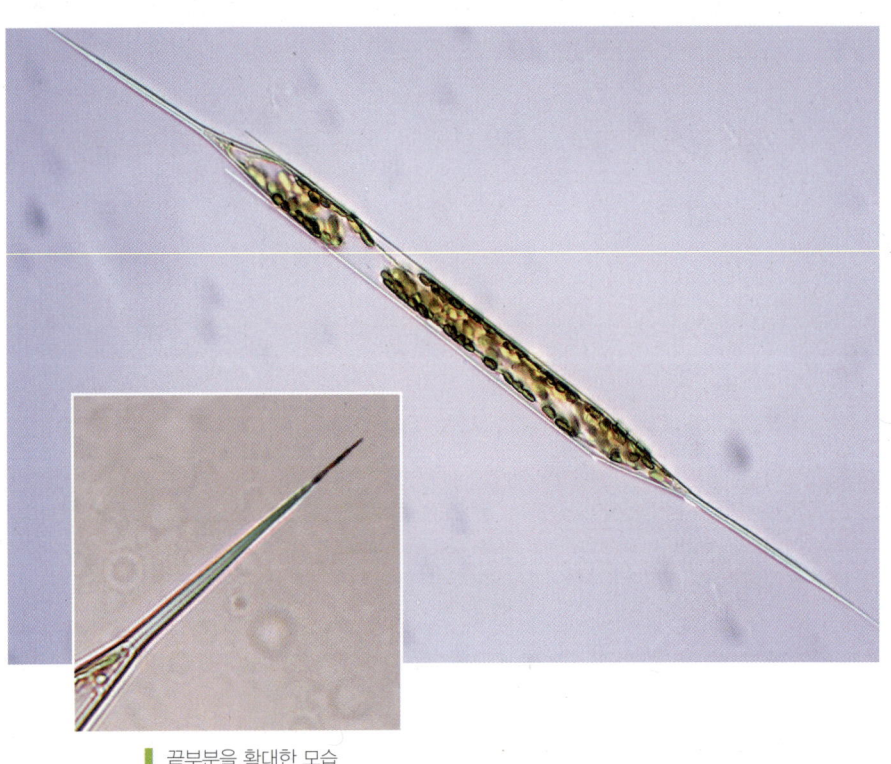

▎끝부분을 확대한 모습

나비쿨라는 종에 따라 그 크기와 모양이 조금씩 다르지만 대체로 배 모양을 하고 있어서 '쪽배돌말'이라는 이름이 있습니다. 아래 사진들은 위에서 본 모습으로, 가운데를 가로지르는 긴 홈은 중간에 끊어져 있고, 긴 홈에 직각으로 배열된 수십 개의 홈에는 작은 구멍들이 뚫려 있습니다. 바닥을 미끄러지듯 이동하기도 하고, 물에 둥둥 떠다니기도 합니다.

　나비쿨라처럼 쪽배 모양이지만 양쪽 끝이 서로 다른 방향으로 약간 틀어져 있어서 늘씬한 S자 모양을 하고 있는 이 플랑크톤은 **자이로시그마**입니다. '나선돌말'이라고도 불리며, 현미경으로 관찰해 보면 바닥을 부드럽게 미끄러지듯 이동합니다.

아크난테스는 전체적으로 길쭉한 샌드위치 같은 모습입니다. 혼자 있을 때도 있고, 여러 개체가 연결되어 있을 때도 있습니다.

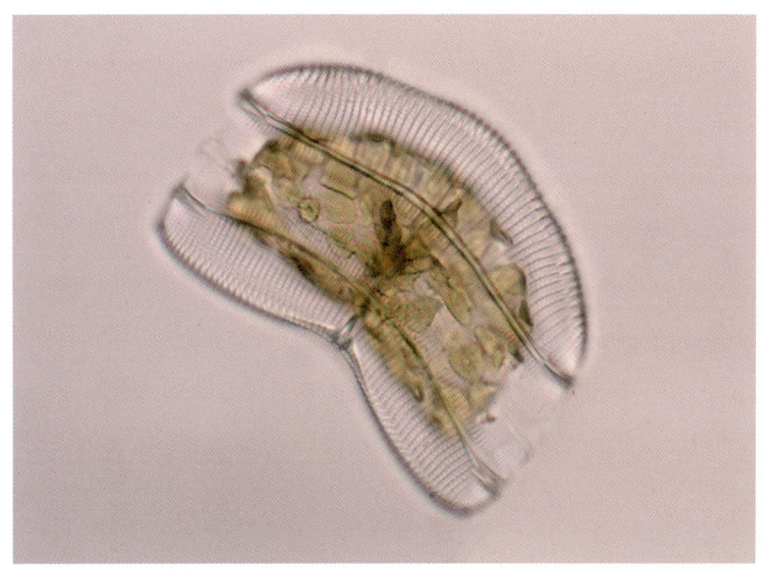

아크난테스가 위아래로 분리되면서 두 개체로 나누어지고 있다.

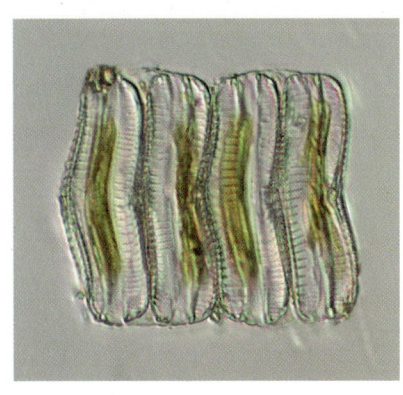

여러 개체가 연결되어 있는 모습

2-1

규조류는 어떻게 **번식**할까?

하나의 세포로 이루어진 단세포 생물인 규조류는 짝짓기를 하지 않고 하나의 개체가 둘로 나뉘는 무성 생식을 합니다. 오른쪽 그림처럼 껍데기 윗부분과 아랫부분이 나누어지면서 각각 새로운 짝 껍데기를 만들어 개체 수를 늘리지요.

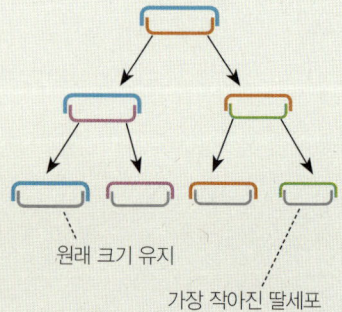

원래 크기 유지

가장 작아진 딸세포

새로운 짝 껍데기는 원래 껍데기에 딱 들어맞게 살짝 작게 만들어집니다. 그런데 그 껍데기가 물렁하지 않고 단단하기 때문에 개체가 나뉘어질수록 새로 생기는 개체는 크기가 점점 작아지게 됩니다.

이때 규조류는 개체가 너무 작아지는 걸 막기 위해, 급작스럽게 세포질을 키워 껍데기를 밀어냅니다. 이를 증대포자라고 하는데, 이후 새로운 껍데기를 만들어 원래 크기를 회복합니다.

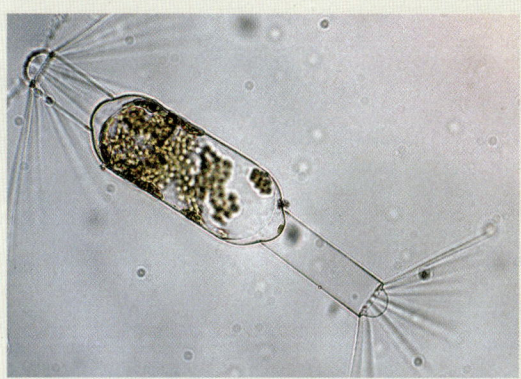

← 코레쓰론 증대포자

너무 작아진 껍데기를 버리고 세포질을 부풀린 모습. 몇 시간 내 새 껍데기를 만들어 원래 크기로 돌아간다.

사슬형 규조류

규조류가 혼자 떨어져 있지 않고 여럿이 연결되어 있나요? 그렇다면 사슬형 규조류에 속한다고 할 수 있습니다.

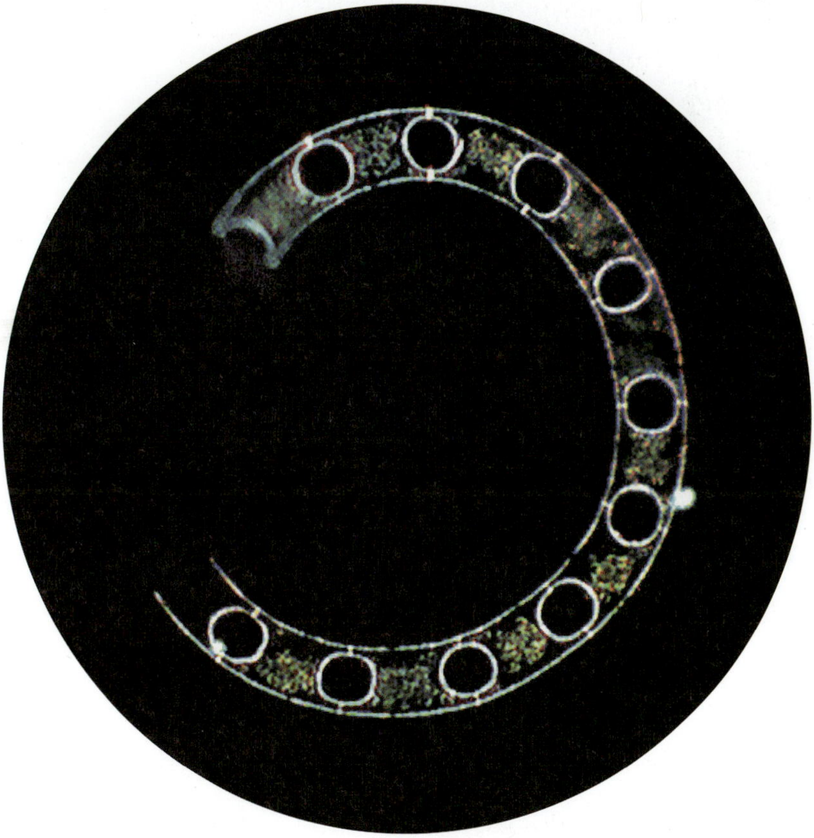

사슬형 규조류인 유캠피아. 여러 개체가 연결되어 팔찌처럼 보인다.

금빛 목걸이처럼 보이는 이것은 **쌀라시오사이라**입니다. 도톰한 원반들을 끈으로 길게 연결해 놓은 것 같아서 '끈원반돌말'이라는 이름이 있습니다.

각각의 세포 가장자리에는 짧은 가시돌기나 긴 실 같은 털이 나 있습니다. 껍데기에는 미세한 구멍이 규칙적으로 배열되어 있으며, 그 안쪽에 엽록체가 불규칙하게 들어 있습니다.

불규칙한 엽록체가 보인다(위).
옆으로 늘어선 것 중 특히 더 두꺼운 부분은 분열이 진행 중이다(왼쪽).

머리카락

스켈리토니마

머리카락 굵기와 비교해 보면 스켈리토니마가 얼마나 가는지 알 수 있다.

굵기가 엄청 차이나네.

작은 원통형 개체들이 직선으로 길게 이어져 있는 이 규조류는 **스켈리토니마**입니다. '골편돌말'이라고도 하는데, 원통형 몸의 위아래 가장자리를 따라 나 있는 가시 모양 돌기들을 서로 연결해 긴 사슬을 만듭니다.

오돈텔라의 양 끝에는 각각 두 개의 뿔과 그 사이에 두 개의 긴 가시돌기가 나 있습니다. 실을 감아두는 실패 같다고 해서 '실패돌말'이라고도 하지요. 오돈텔라는 이 뿔들을 연결해 긴 사슬 모양을 이룹니다.

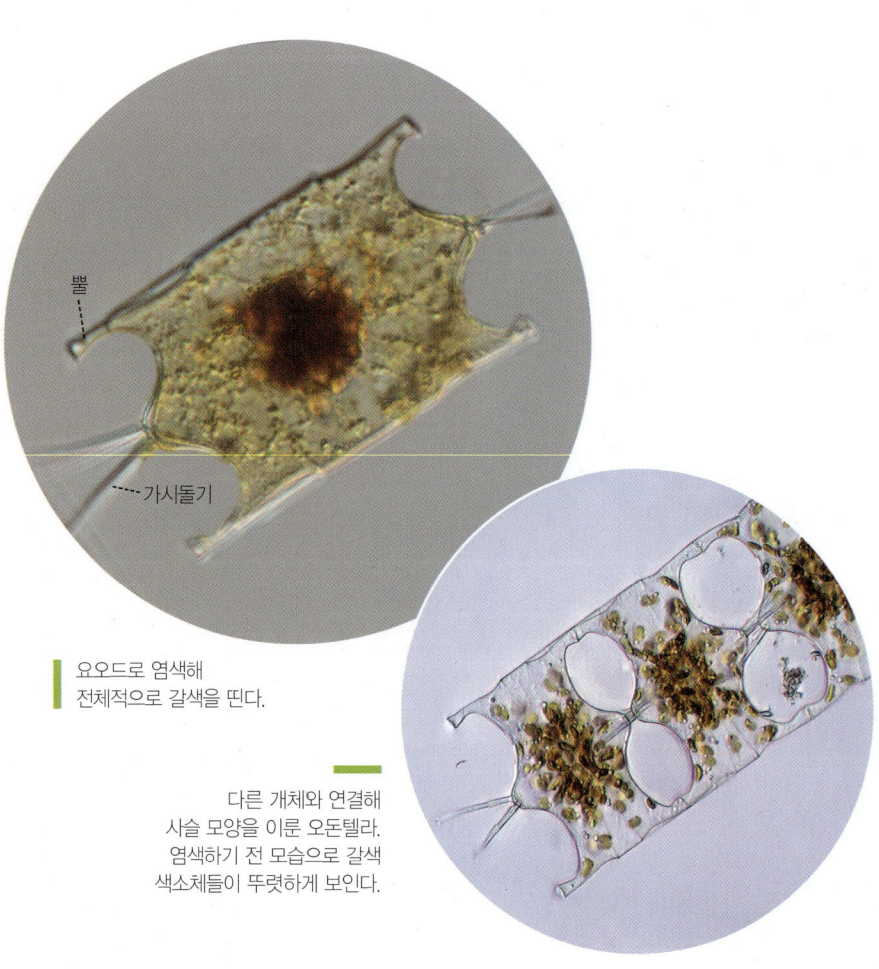

요오드로 염색해 전체적으로 갈색을 띤다.

다른 개체와 연결해 사슬 모양을 이룬 오돈텔라. 염색하기 전 모습으로 갈색 색소체들이 뚜렷하게 보인다.

디틸룸은 길쭉한 원통형 몸 양 끝에 굵고 긴 가시가 있습니다. 혼자 떨어져 있기도 하고, 여러 개체가 가시로 연결되어 있기도 합니다.

▌디틸룸이 둘로 나누어지는 과정

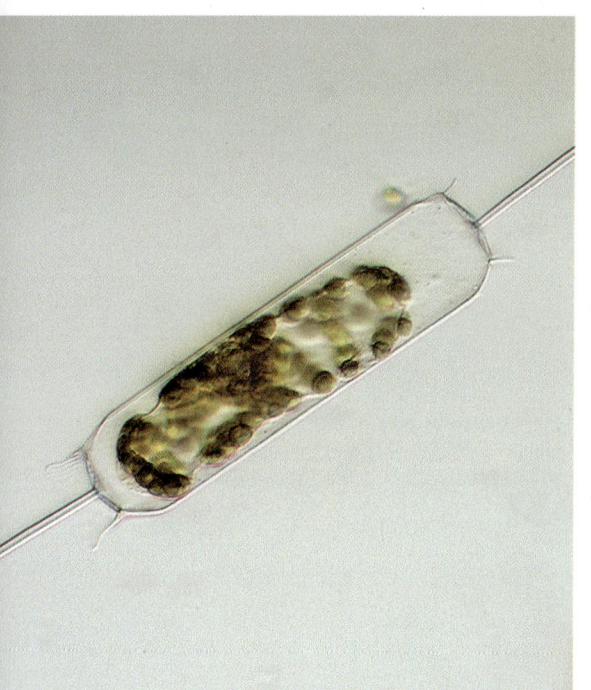

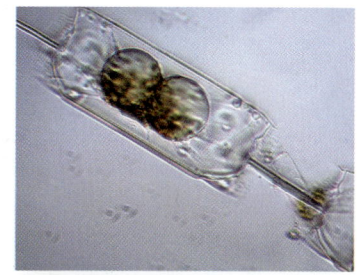

① 핵과 세포질이 둘로 나누어진다.

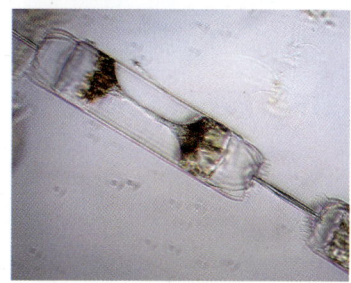

② 둘로 나누어진 세포질이 양 끝으로 이동한다.

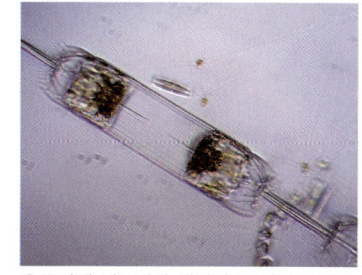

③ 중간에 세포벽이 생기며 두 개의 개체로 분리된다.

둥근 고리처럼 보이는 이 플랑크톤은 **유캠피아**입니다. 여러 개체가 연결되어 긴 나선형을 이루고 있습니다.

유캠피아는 분열할 때 하나의 세포가 둘로 나누어지고, 그 사이에 타원형의 빈 공간이 생깁니다. 불규칙적으로 배열된 작은 엽록체들이 보이나요?

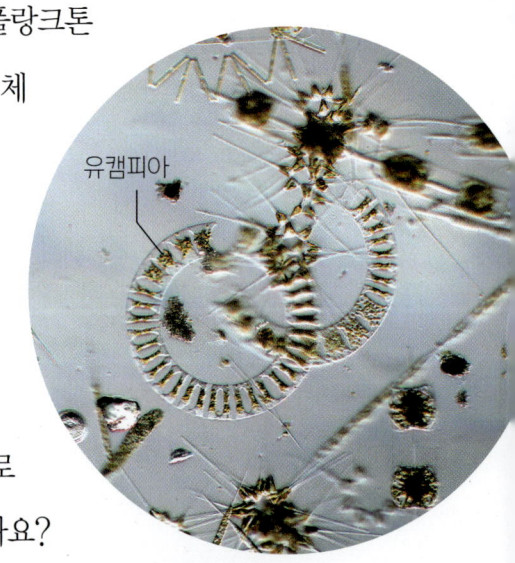

유캠피아

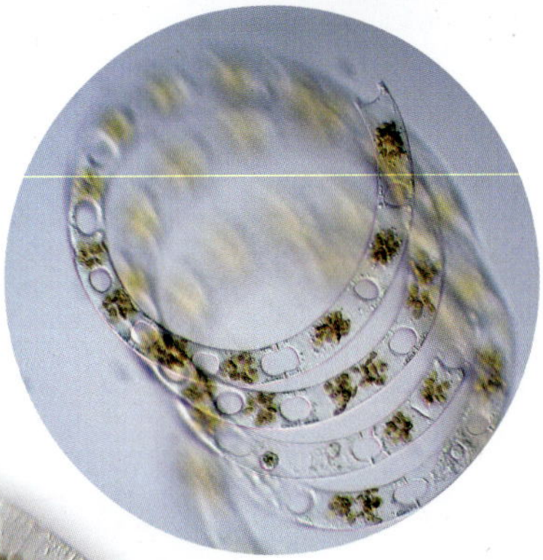

나선형으로 길게 연결된 유캠피아

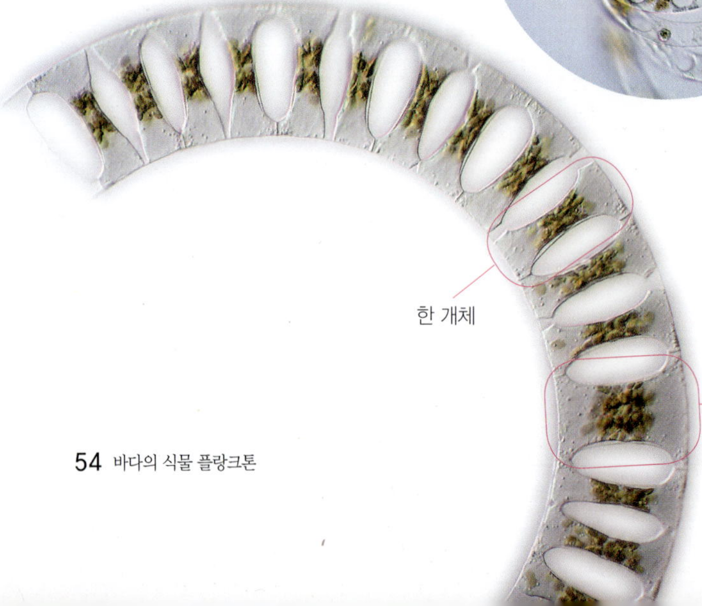

한 개체

분열이 이루어지고 있는 부분. 분열이 끝나면 빈 공간이 생긴다.

케토세로스는 가시 모양의 긴 털이 있어 '센털돌말'이라는 이름이 붙어 있습니다. 여러 개가 직선형으로 길게 연결된 것, 구불구불한 나선형으로 연결된 것, 무질서하게 연결된 것 등 종에 따라 그 형태가 매우 다양합니다. 일부 종은 털에도 엽록체를 가지고 있습니다.

다양한 모양의 케토세로스

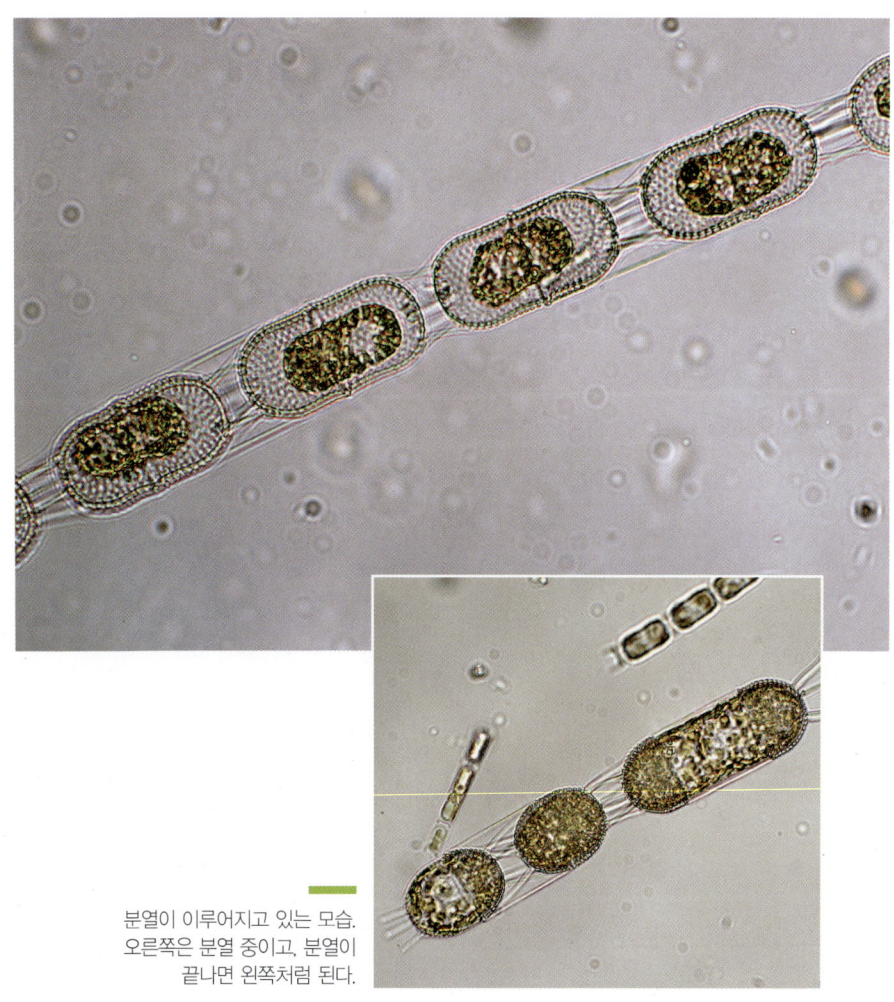

분열이 이루어지고 있는 모습. 오른쪽은 분열 중이고, 분열이 끝나면 왼쪽처럼 된다.

길쭉한 알약 같은 이 플랑크톤은 **스테파노픽시스**입니다. 세포벽에 육각형의 구멍들이 규칙적으로 배열되어 있고, 그 안쪽에 원반 모양의 엽록체가 보입니다. 여러 개체가 12~16개의 가시털로 연결되어 긴 사슬을 이룹니다.

수도니치아는 가늘고 길쭉한 모양으로, 각 개체마다 두 개의 엽록체를 가지고 있습니다. 기다란 실처럼 보이지만 400배로 확대해 보면 각 개체의 양쪽 끝이 다른 개체와 서로 포개져 연결되어 있는 걸 알 수 있습니다.

수도니치아는 도모산이라는 독성 물질을 만들어 내는데, 수도니치아를 먹은 조개를 사람이 먹으면 기억 상실증에 걸리기도 합니다.

끝부분의 일부가 겹친 채 연결되어 있다.

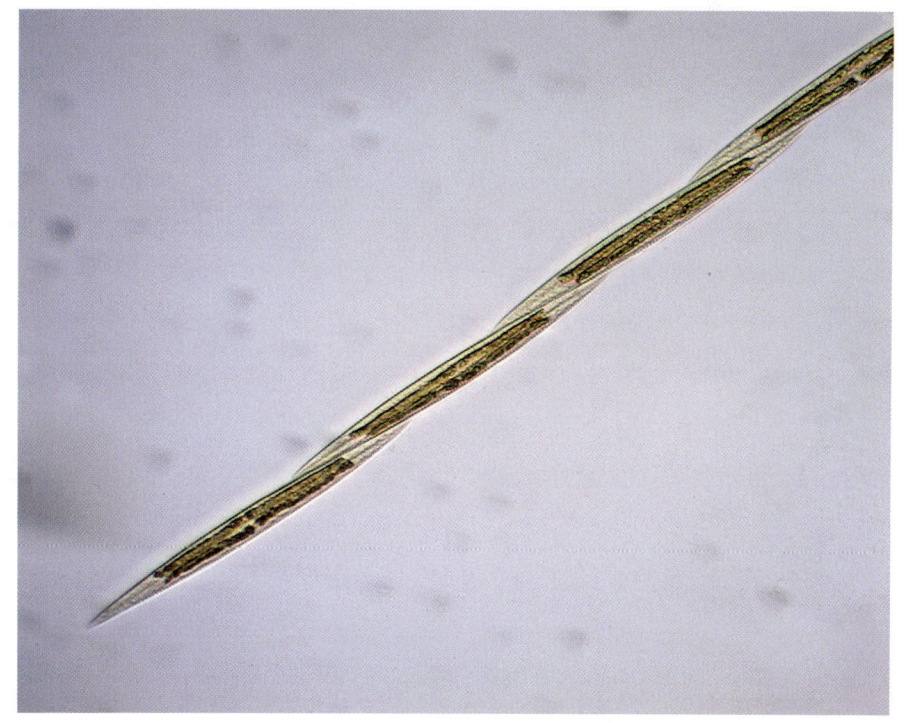

나무젓가락처럼 생긴 **쌀라시오니마**는 한쪽 끝이 서로 연결되어 있습니다. 여럿이 다닥다닥 붙어 있을 때는 부챗살처럼 보이기도 해서 '부챗살돌말'이라는 이름이 있습니다.

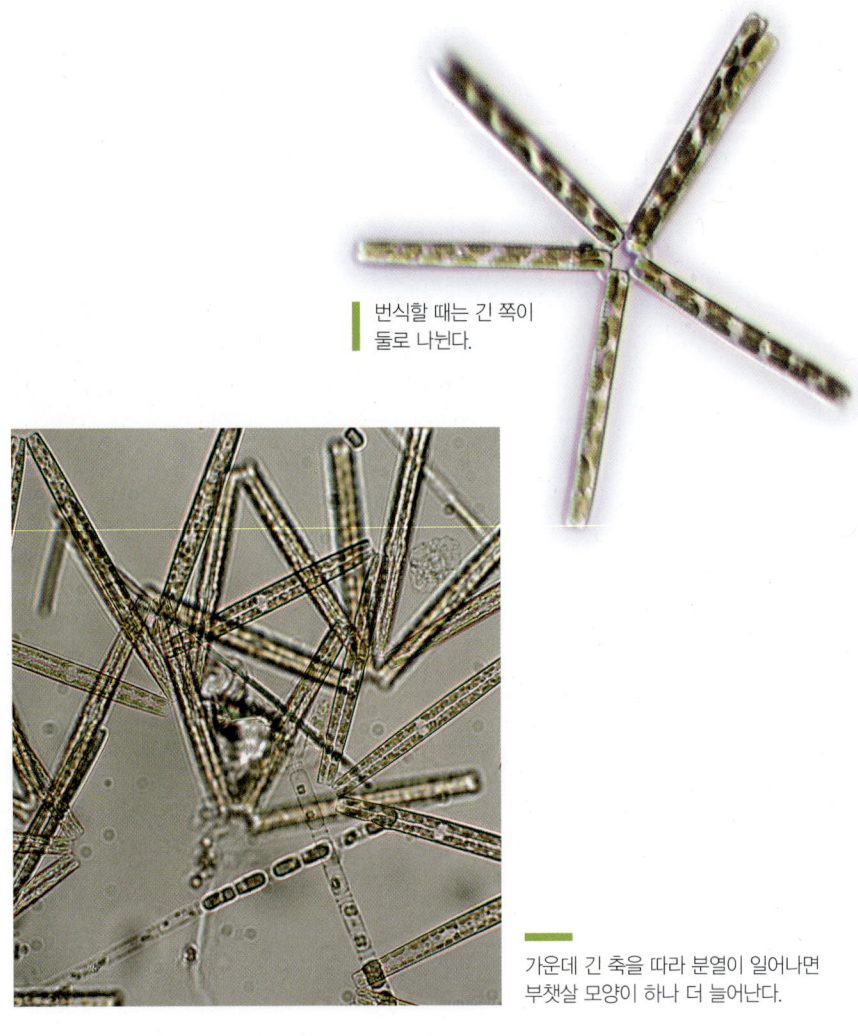

번식할 때는 긴 쪽이 둘로 나뉜다.

가운데 긴 축을 따라 분열이 일어나면 부챗살 모양이 하나 더 늘어난다.

| 나선형으로 길게 이어져
| 덩어리를 이룬 에스테리오넬라

에스테리오넬라는 이등변 삼각형 모양인데, 한쪽 끝이 바늘처럼 길게 삐죽 늘어나 있습니다. 각 개체마다 한두 개의 엽록체가 들어 있습니다. 여러 개체가 옆으로 연결되어 자전거 바퀴살 혹은 별 모양을 이루는데, 이것이 나선형으로 이어집니다. '별돌말'이라고도 합니다.

2-2 바다의 사계절

육지의 식물들은 봄에 싹을 틔우고, 여름에 잎이 무성해졌다가 가을에 열매를 맺고, 겨울에 잎을 떨굽니다. 그렇다면 바다의 플랑크톤도 계절에 따라 다르게 나타날까요?

그렇습니다. 계절이 바뀌면서 물의 온도, 햇빛이 비치는 시간, 염분의 양, 영양 염류의 양 등이 달라지기 때문에 플랑크톤도 그 종류와 양이 다르게 나타납니다.

◆ 계절별로 달라지는 플랑크톤 ◆

봄

봄이 되면 햇빛의 양이 늘어나 식물 플랑크톤이 급격히 불어나게 됩니다. 더불어 식물 플랑크톤을 먹는 동물 플랑크톤도 늘어납니다. 게, 따개비, 굴, 성게, 불가사리 등의 해양 생물의 알이 이때 깨는 것도 먹이가 풍족하기 때문입니다.

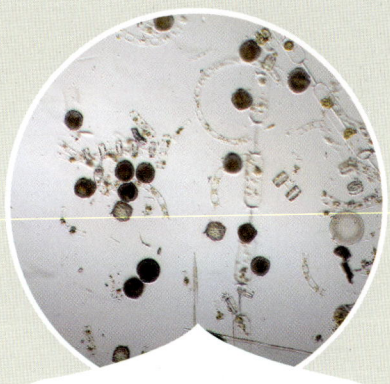

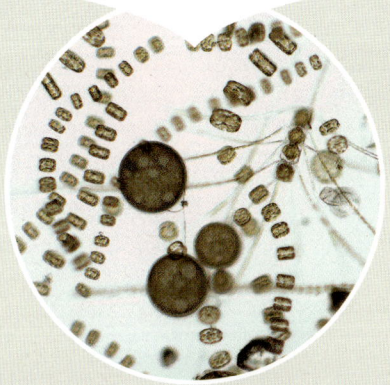

여름이 되면 표층의 따뜻한 물이 아래로 내려가지 않아 바닷물이 뒤섞이지 않습니다. 그러면 식물 플랑크톤이 번식하는 데 필요한 물질이 부족해집니다. 게다가 동물 플랑크톤이 번식하면서 식물 플랑크톤의 수는 점차 줄어듭니다.

여름

가을

가을이 되면 수온이 내려가기 시작해 표층의 물이 아래쪽 물과 섞여 또 한번 식물 플랑크톤이 늘어날 기회가 생깁니다. 하지만 햇빛의 양이 줄어들어서 봄처럼 대량으로 늘지는 않습니다.

겨울

겨울이 되어 온도가 더욱 내려가면, 차가워진 표층의 물이 가라앉으며 위아래 물이 뒤섞여 플랑크톤 번식에 필요한 물질이 위로 떠오릅니다.
그러나 햇빛의 양이 줄고 기온이 낮아 식물 플랑크톤이 크게 늘지 않습니다.

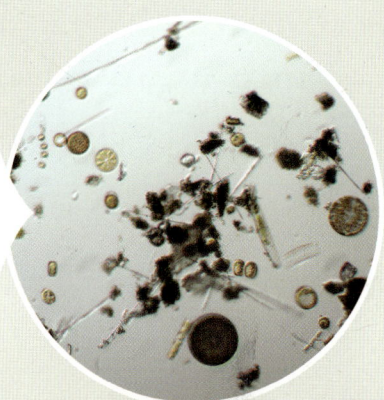

플랑크톤들도 겨울을 나는구나!

플랑크톤의 겨울나기

겨울이 다가오면 육지의 꽃식물과 곤충들은 대부분 씨앗과 알로 겨울을 날 준비를 합니다. 이와 비슷하게 식물 플랑크톤들은 겨울을 나기 위해 휴면 포자라는 두꺼운 껍데기 속에 몸을 숨기고, 동물 플랑크톤들은 휴면란을 낳아 겨울을 납니다. 일부 플랑크톤들도 일종의 씨앗으로 겨울을 나는 셈이지요.

봄이 와서 육지에 새 생명들이 한창 피어날 때, 바다에는 휴면 포자와 휴면란으로 겨울을 난 플랑크톤들도 깨어나 다시 번창하게 됩니다.

꼬리를 살랑살랑, 와편모조류

와편모조류는 채찍처럼 생긴 두 개의 긴 편모로 움직이는 단세포 식물 플랑크톤입니다. 하나의 편모는 가로 방향으로 몸을 감싸고 있고, 다른 하나는 세로 방향으로 삐죽 나와 있어 플랑크톤이 빙글빙글 돌면서 앞으로 나갈 수 있게 해 줍니다.

긴 편모로 꼬물꼬물 헤엄친다고 동물로 생각해서는 안 됩니다. 동물과 식물을 나누는 가장 중요한 기준은 광합성을 통해 스스로 양분을 만드는가이기 때문입니다. 하지만 일부 와편모조류는 다른 작은 플랑크톤을 먹기도 합니다.

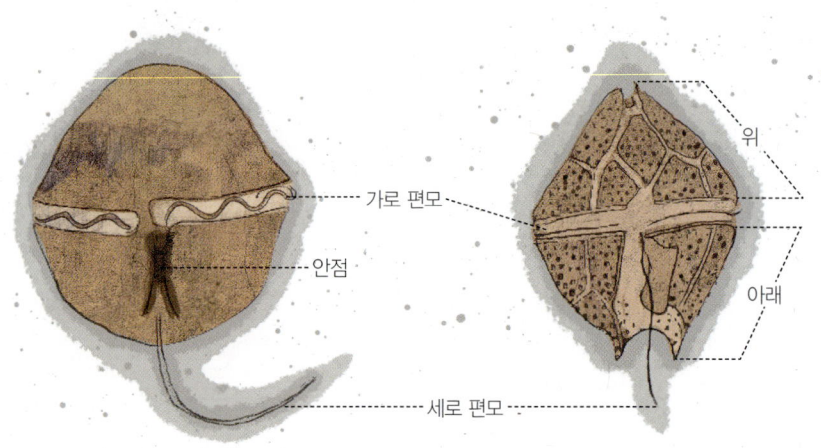

와편모조류의 구조 { 와편모조류는 야광충을 제외하고 섬유질의 두꺼운 세포벽을 가지고 있다. 그리고 빛이 있는지 없는지를 감지하는 '안점'이 있다. 오른쪽은 빈 껍데기를 그린 그림이다.

알렉산드리움은 약간 납작한 공 모양인데, 때로 몇 개의 개체가 연결되어 있기도 합니다. 알렉산드리움은 적조를 일으키는 플랑크톤 중 하나로, 삭시톡신이라는 독을 만들어 내는 것으로 알려져 있습니다. 삭시톡신은 신경에서 근육으로 전달되는 신호를 차단해 사람을 마비시키는 신경독입니다.

▌두 개체가 서로 연결된 채 편모로 헤엄치고 있다.

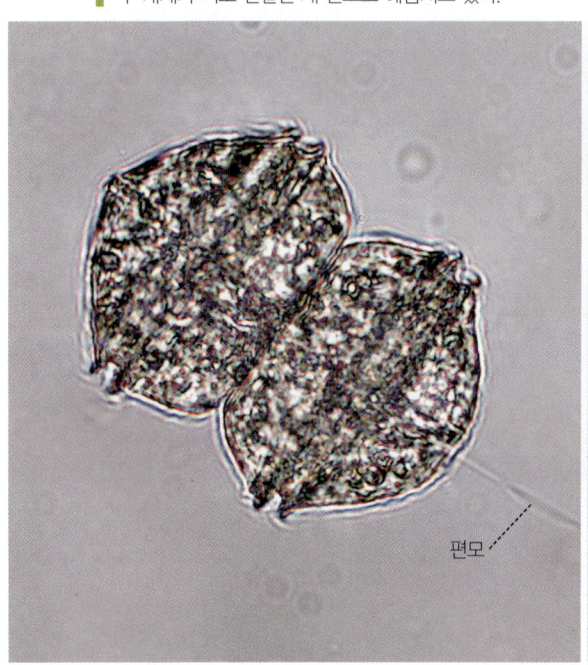

편모

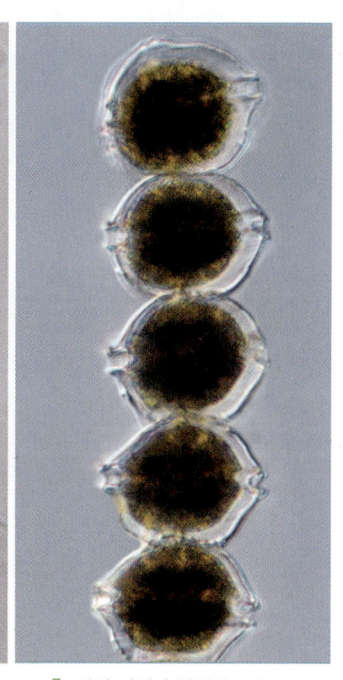

▌여러 개체가 연결된 모습

둘 다 쎄라슘인데 전혀 달라 보여.

편모

'뿔말'이라고도 불리는 **쎄라슘**은 편모를 이용해 천천히 이동합니다. 종에 따라 그 모양이 다양한데, 가운데 부분을 감싸고 있는 홈을 기준으로 양쪽에 긴 뿔이 있습니다. 어떤 건 매우 짧아서 뭉툭한 혹처럼 보이지요. 이러한 뿔들은 동물 플랑크톤에게 먹히지 않기 위한 방어 전략으로 보입니다.

위 사진에서 쎄라슘의 투명한 긴 편모가 보이나요?

다이노피시스는 매우 특이한 와편모조류입니다. 복주머니처럼 생겼는데, 한쪽 끝에 빙 둘러 홈이 나 있고 이를 기준으로 위 껍데기가 아래 껍데기 위에 올려져 있습니다. 홈의 한 부분에 구멍이 있으며, 그곳에서 편모가 나와 이동할 수 있게 해 줍니다.

지느러미 같은 얇은 판이 무척 인상적인 다이노피시스는 설사를 일으키는 독을 분비하는 것으로 알려져 있습니다. 와편모조류는 광합성을 하는 식물 플랑크톤이지만 다른 작은 식물 플랑크톤을 먹는 종도 많은데, 다이노피시스도 그중 하나입니다.

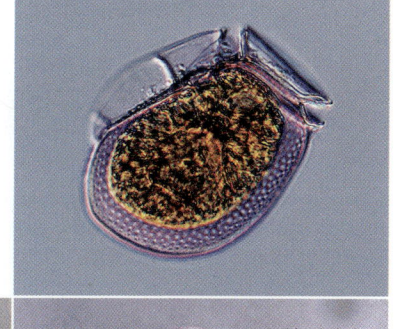

요오드 용액에 염색되어 더욱 진하게 보인다.

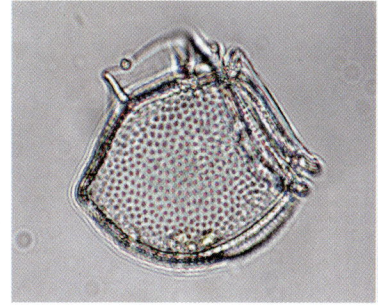

빈 껍데기를 찍은 것으로, 세포벽에 있는 무수한 구멍을 볼 수 있다.

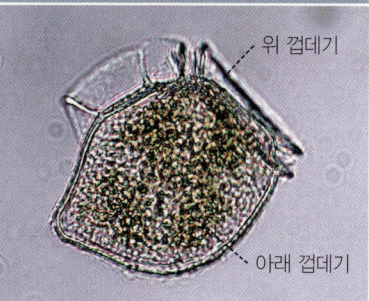

위 껍데기
아래 껍데기

염색 전, 살아 있는 다이노피시스를 촬영했다.

녹티쿨라는 마치 풍선 같은 모양을 하고 있으며, 다른 와편모조류와 달리 단단한 껍데기가 없습니다. 하나의 짧은 가로 편모와 하나의 실 모양 촉수가 있습니다.

바다에서 녹티쿨라의 수가 급격히 늘어나면 바다가 붉은색을 띠게 됩니다. 하지만 밤에는 푸른빛을 내기도 해 '야광충'으로 불립니다. 와편모조류이지만 엽록체가 없어 광합성을 하지 못하며, 다른 생물을 잡아먹는 습성 때문에 편모충류로 분류하기도 합니다.

녹티쿨라를 채집한 채집병. 녹티쿨라가 모여 있는 윗부분이 붉은색을 띤다.

아주 작은 나뭇잎 모양의 이 플랑크톤은 **프로토센트룸**입니다. 종에 따라 너비가 다르며, 둥근 가장자리 근처에 짧고 단단한 가시가 나 있습니다. 가시가 있는 곳 옆에서 가는 편모가 나와 이동합니다.

프로토세라슘은 둥근 공 모양으로, 표면에 그물 같은 매우 거친 무늬가 있습니다. 위 껍데기와 아래 껍데기가 띠 모양 홈으로 나뉘어 있습니다.

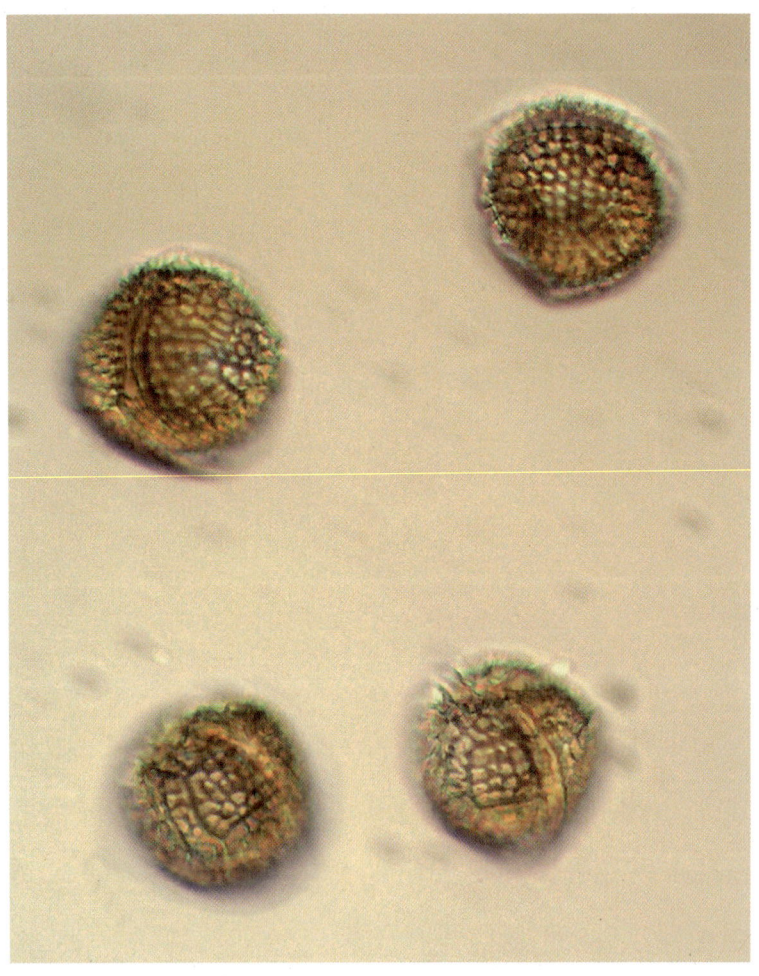

프로토페르디니움은 종에 따라 크기와 모양이 다양합니다. 가운데 홈을 기준으로 위 껍데기에 뿔이 하나 있고, 아래 껍데기에 두 개의 뿔이 있습니다. 긴 편모를 이용해 이동하는 모습을 사진에서 볼 수 있습니다. 껍데기는 여러 조각판이 연결된 모습을 하고 있어 마치 갑옷을 입은 듯합니다.

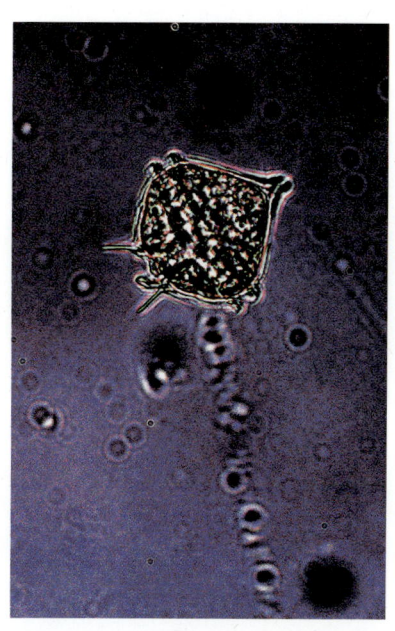

컴퓨터로 색을 입힌 사진. 마치 우주선처럼 보인다.

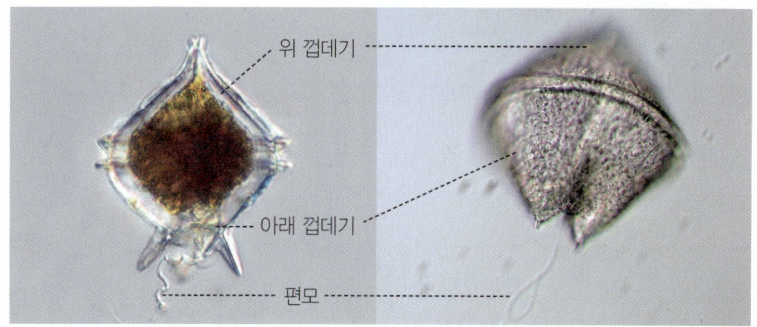

2-3
적조란 무엇일까?

    식물 플랑크톤은 바다 생태계의 생산자로서 매우 중요한 역할을 합니다. 그러나 때때로 필요 이상으로 많아져 문제가 되기도 합니다. 바로 적조 현상입니다.

    적조 현상은 한마디로 바닷물이 붉어 보이는 현상입니다. 식물 플랑크톤 중 와편모조류는 엽록체 이외에 보조 색소로 황적색소도 가지고 있습니다. 이 때문에 붉은색을 띠는데, 한꺼번에 폭발적으로 늘어나면 바다 색깔이 덩달아 붉어 보이게 됩니다.

    적조를 일으키는 와편모조류는 40종 정도입니다. 여름이 되어 햇빛이 강해지고 다량의 비료 성분이 빗물에 녹아들어 하천을 통해 바다까지 전해지면 적조가 발생합니다.

바다가 붉어 보이는 게 적조!

• 적조 현상의 피해 •

적가 일어나면 바다 생물이나 사람에게 치명적인 피해를 줍니다. 적조를 일으키는 와편모조류 중에는 독성이 있는 것들이 있어서 이를 먹은 어류는 죽을 수도 있습니다. 만약 이 어류를 사람이 먹게 되면 독이 전달되어서 사람도 죽을 수 있습니다.

또한 엄청나게 불어났던 와편모조류가 죽으면 그 사체가 분해되는 과정에서 많은 양의 산소가 쓰입니다. 그러면 적조에 직접적으로 영향을 받지 않는 조개나 플랑크톤을 먹지 않는 어류 - 특히 양식장의 어류 - 들도 산소 부족으로 질식해서 죽게 됩니다. 텔레비전 뉴스에서 물고기가 떼죽음을 당한 장면을 본 적 있지요?

이처럼 적조가 일어나면 큰 피해를 입기 때문에, 하수 정비 등을 통해 인이나 질소 등을 포함하는 영양 염류가 과하게 바다로 흘러들지 않게 해 미리 적조를 예방하는 것이 중요합니다.

적조를 일으키는 와편모조류들

코클로디니움

알렉산드리움

다이노피시스

3. 바다의 동물 플랑크톤

SECRET OF PLANKTON

'바다에 사는 동물' 하면 무엇이 떠오르나요? 고래, 상어, 참치, 불가사리, 말미잘, 해파리, 꽃게 등 다양하지요. 그리고 아주 중요한, 가장 많은 수를 차지하는 동물 플랑크톤도 빠질 수 없지요. 동물 플랑크톤은 식물 플랑크톤을 먹고, 조개나 물고기 같은 다른 동물에게 잡아먹혀 바다 먹이 사슬에 매우 중요한 역할을 합니다.

아래에 소개하는 바다의 동물 플랑크톤을 만나고 나면 바다에 갈 때마다 보이지는 않아도 그 속에 있을 동물 플랑크톤을 떠올리게 될 것입니다. 보이지 않는 세계를 볼 수 있는 생각의 눈을 갖게 되겠지요?

여기서는 영구 플랑크톤과 임시 플랑크톤으로 나누어 설명했어요.

바다의 동물 플랑크톤	
영구 플랑크톤	요각류 | 지각류 | 섬모충류 | 유종섬모충류 | 윤충류 | 패충류 | 유형류 | 해파리 | 빗해파리 | 모악류
임시 플랑크톤	게 | 조개 | 갯지렁이 | 따개비 | 성게 | 불가사리 | 물고기

언제나 떠돌이, 영구 플랑크톤

바다의 플랑크톤 중 일생 동안 떠돌이 생활을 하는 것들을 영구 플랑크톤이라 부릅니다. 요각류, 지각류, 윤충류, 섬모충류 등 대부분의 영구 플랑크톤은 일 년 중 언제나 관찰할 수 있으며, 자라면서도 그 형태가 별로 변하지 않습니다.

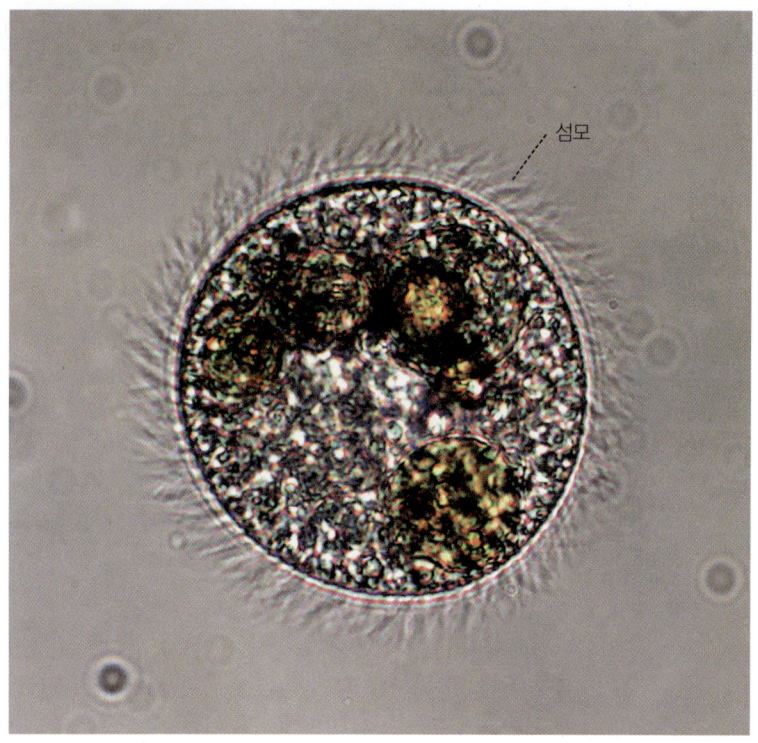

▎ 섬모충. 수많은 섬모를 움직여 바다를 떠다니는 영구 플랑크톤이다.

▍더듬이가 긴 요각류, 칼라노이드

바다의 동물 플랑크톤 중 그 양이 가장 많은 것은 **요각류**입니다. '바다의 쌀'이라고 불릴 정도로 바다 생태계 먹이 사슬에서 중요한 역할을 합니다.

요각류는 새우의 친척뻘 되는 플랑크톤으로, 머리 가운데 있는 하나의 눈(안점)이 매우 인상적이며 암수 구분이 있습니다. 양쪽으로 길게 뻗은 더듬이 때문에 T자 모양으로 보이는데, 종에 따라 그 모양이 매우 다양합니다.

대부분의 해양 생물은 상당히 많은 양의 알을 낳습니다. 그래야 다만 몇 마리라도 성체가 될 때까지 살아남아 다음 세대를 이어 갈 수 있기 때문입니다. 반대로 일부 해양 생물은 비교적 큰 알을 적게 낳아 암컷이 지키기도 합니다. 이것 역시 자손이 살아남을 확률을 높이기 위한 전략입니다.

요각류는 후자에 속합니다. 암컷이 적은 수의 알을 낳아 주머니에 싸서 새끼가 깰 때까지 달고 다니며 보호합니다.

▌더듬이가 짧은 요각류, 하르팍티코이드

바다에 사는 **지각류**는 '바닷물벼룩'이라고도 불리며, 포돈과 에바드네가 가장 흔하게 관찰됩니다. 커다란 눈에 껍데기 밖으로 머리와 다리를 내어 놓고 헤엄치는 모습이 매우 인상적이지요.

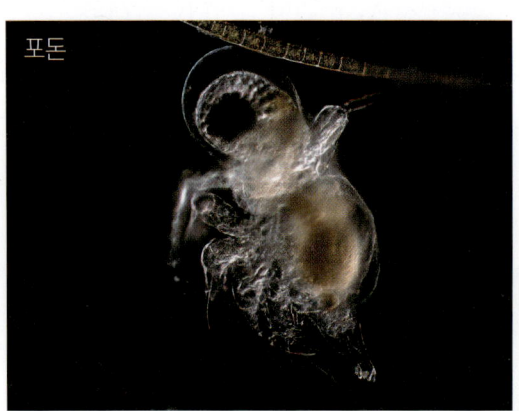

암컷 혼자 몸속에서 알을 부화시켜 새끼를 낳는 처녀 생식을 하는데, 주변 환경이 좋지 않으면 수컷과 짝짓기를 해서 알을 낳기도 합니다.

▎ 에바드네의 투명한 몸 안에 새끼들이 보인다.

섬모충류는 섬모라고 불리는 수많은 털을 가지고 있습니다. 껍데기가 없고, 섬모를 움직여 이동하거나 물살을 일으켜 먹이를 끌어오기도 합니다.

섬모의 움직임이 매우 빠르기 때문에 섬모충류가 활발히 움직일 때는 관찰하기가 어렵습니다. 충분히 시간을 가지고 활동이 느려질 때를 기다려 관찰하는 것이 좋습니다.

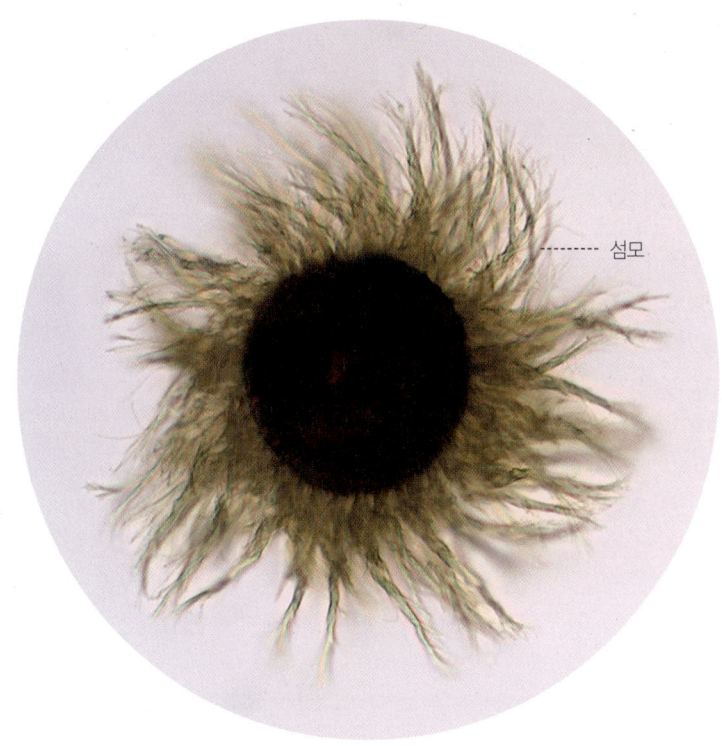

┃ 털처럼 풍성한 섬모를 가진 섬모충, 마이리오넥타

쉬미딩거렐라
섬모

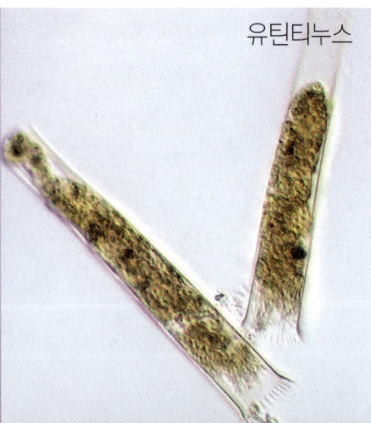
유틴티누스

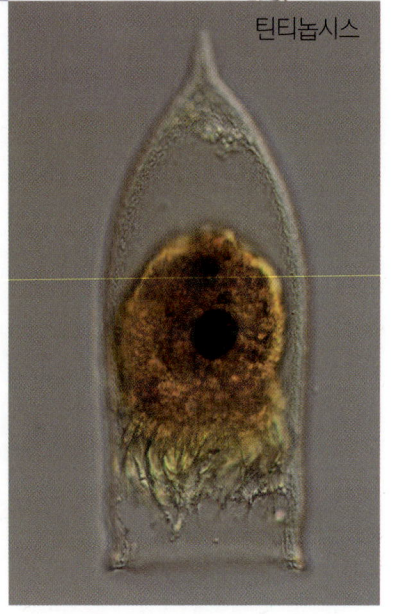
틴티놉시스

유종섬모충류는 종, 원통, 원뿔 혹은 병 모양의 껍데기를 가지고 있어 붙여진 이름입니다. 껍데기가 투명해 속이 훤히 비치는 종이 있는가 하면, 어떤 종은 아주 작은 부스러기들을 껍데기에 붙여 놓기도 합니다.

유종섬모충류는 섬모를 밖으로 내어 이동하고, 먹이를 먹다가 위협을 느끼면 재빨리 껍데기 속에 몸을 숨깁니다.

윤충류는 섬모관(섬모가 달린 둥그런 띠)의 움직임이 수레바퀴가 도는 것 같아서 이런 이름이 붙었습니다. 섬모를 빠르게 움직여 물살을 일으켜 먹이를 입으로 끌어들입니다. 바다보다는 연못 같은 민물 환경에서 더 많은 종이 살고 있습니다.

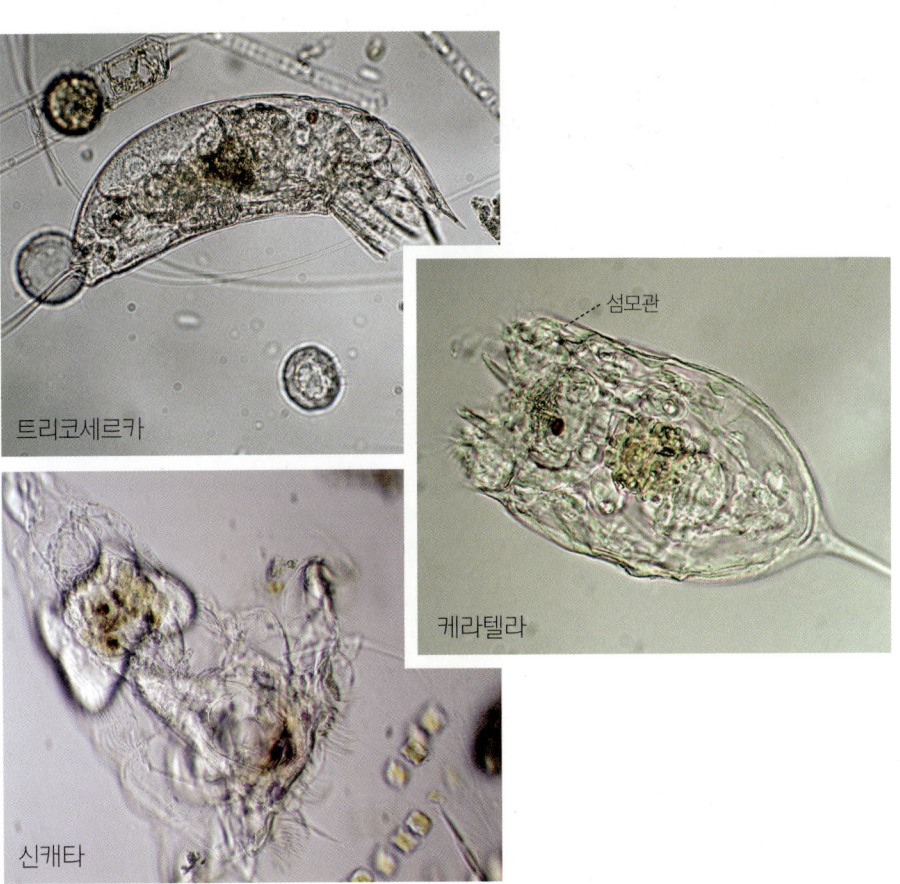

트리코세르카

케라텔라 / 섬모관

신캐타

언뜻 보면 아주 작은 홍합처럼 보이는 이 플랑크톤은 **패충류**입니다. 두 장의 껍데기 속에 몸을 감춘 채 다리를 내어 헤엄칩니다. 껍데기 길이가 보통 1밀리미터 안팎인데, 바다에 사는 종류 중에는 2센티미터가 넘는 것도 있습니다.

패충류는 연못 같은 민물에서 더 많이 발견돼요.

3-1
물개 한 마리는 하루에 얼마나 많은 식물 플랑크톤을 먹을까?

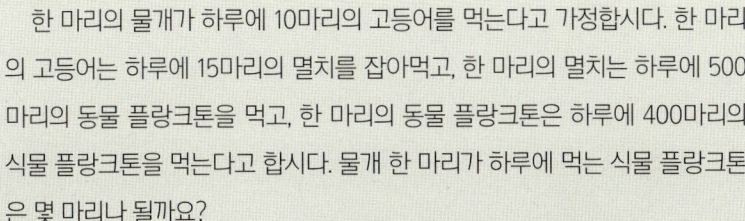

한 마리의 물개가 하루에 10마리의 고등어를 먹는다고 가정합시다. 한 마리의 고등어는 하루에 15마리의 멸치를 잡아먹고, 한 마리의 멸치는 하루에 500마리의 동물 플랑크톤을 먹고, 한 마리의 동물 플랑크톤은 하루에 400마리의 식물 플랑크톤을 먹는다고 합시다. 물개 한 마리가 하루에 먹는 식물 플랑크톤은 몇 마리나 될까요?

- 한 마리의 물개가 먹는 고등어 : 10마리
- 한 마리의 고등어가 먹는 멸치 : 15마리
- 한 마리의 멸치가 먹는 동물 플랑크톤 : 500마리
- 한 마리의 동물 플랑크톤이 먹는 식물 플랑크톤 : 400마리

한 마리의 물개가 먹는 식물 플랑크톤
10 X 15 X 500 X 400 = 30,000,000마리

결국, 한 마리의 물개는 하루에 3천만 마리의 식물 플랑크톤을 먹는 셈입니다.

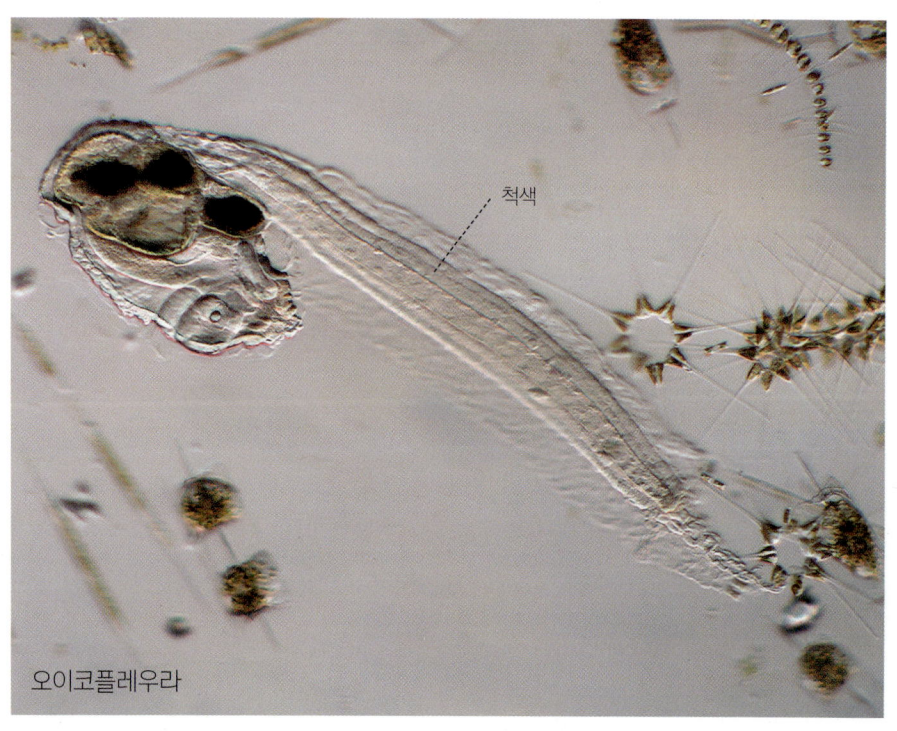

오이코플레우라

척색

긴 꼬리를 가진 올챙이 같죠? **유형류**는 원시 척색동물로, 긴 막대 모양의 척색(진화상 척추의 원시 형태)이 있습니다. 평상시에는 투명한 점액질 집을 만들어 그 속에서 삽니다. 집이 아주 미세한 그물망 구조로 되어 있어서 집 안으로 물을 끌어들여 그물망을 통해 먹이를 걸러 먹습니다.

유형류인 오이코플레우라는 외부의 자극을 받으면 집을 버리고 도망을 갑니다. 버려진 집은 깊은 바닷속에 사는 생물에게 중요한 영양소가 됩니다.

길이가 수미터에 이르는 **해파리**
도 플랑크톤입니다. 해파리가 갓 낳
은 알도, 수정된 알에서 깬 '플라눌
라'라는 어린 유생도 모두 물속을 떠
다니는 플랑크톤이지요.

에피라

플라눌라는 바닷속을 떠돌다 단단한 곳에 정착해 항아리
모양으로 자라는데, 이것이 성장하면 여러 개의 원반 형태의
싹을 틔워 하나씩 떨어져 나갑니다. 이것이 '에피라'입니다.
에피라가 성장해 해파리가 됩니다.

스트로빌라
에피라
플라눌라
다 자란 해파리
어린 해파리

빗해파리는 해파리와 비슷해 보이지만 사실 해파리와 전혀 다른 동물입니다. 빗해파리는 해파리와 달리 촉수에 쐐기세포가 없고 대신 끈적한 촉수로 먹이를 잡습니다.

빗해파리는 섬모가 있는 여덟 줄의 빗판(빗 모양 띠)이 있는데, 몸에서 다양한 빛을 내어 매우 아름답습니다. 빗판에 있는 작은 섬모들을 이용해 이동하는 것도 해파리와 크게 다른 점입니다.

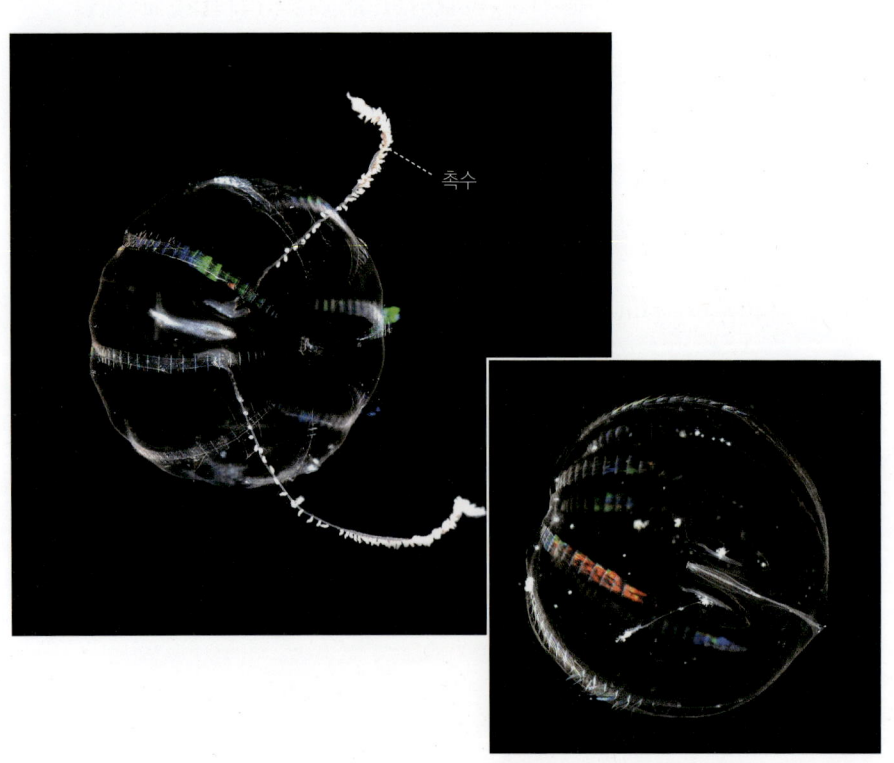
촉수

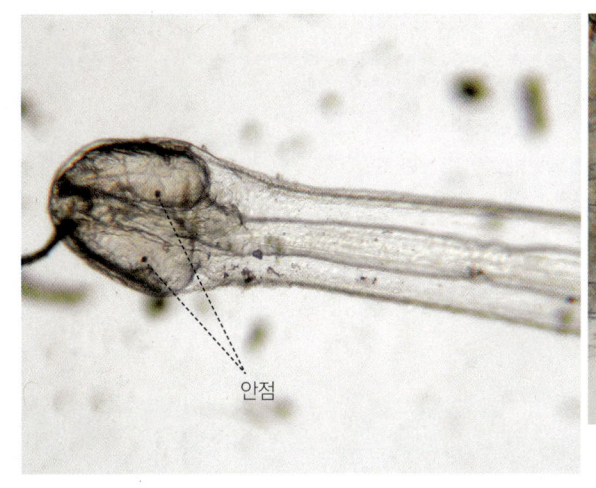
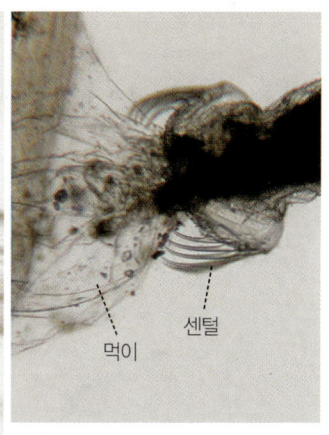

■ 센털로 먹이를 물고 있다.

모악류는 바다에만 나타나는데, 모습이 화살을 닮고 헤엄칠 때도 화살이 날아가는 것 같아 '화살벌레'라는 이름이 붙었습니다. 큰 것은 1센티미터가 넘는 것도 있어 맨눈으로도 관찰할 수 있습니다. 머리, 몸통, 꼬리로 나눌 수 있으며, 몸통에는 한두 쌍의 지느러미가 있습니다.

모악류는 머리에 한 쌍의 안점이 있고, 입 주변에 날카로운 센털이 나 있어 이것으로 먹이를 잡습니다. 심지어는 자신보다 큰 먹이도 공격합니다.

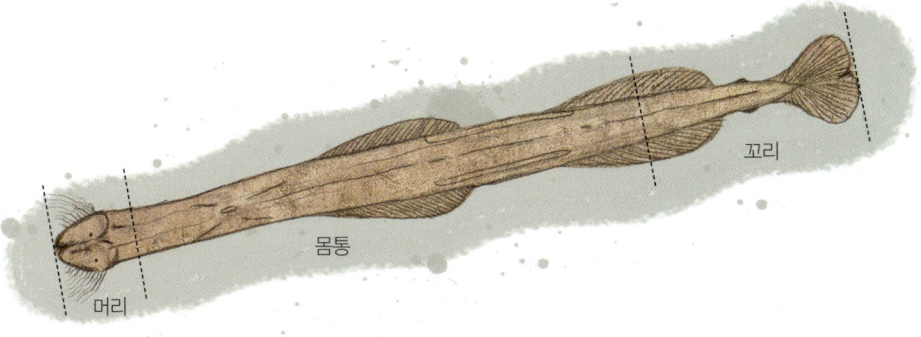

3-2

플랑크톤은 어떻게 물에 떠 있을까?

식물 플랑크톤이 광합성을 하려면 수면 근처에 머물러 있어야 합니다. 수심 약 20미터 아래로 내려가면 빛이 약해 광합성을 하기가 힘들기 때문이지요. 그래서 식물 플랑크톤을 잡아먹는 동물 플랑크톤 역시 수면 근처에 머물러 있어야 합니다. 물론 동물 플랑크톤들은 천적에게 먹히지 않기 위해 낮에는 수심 100미터까지도 내려갔다가 밤이 되면 다시 올라오는 상하 반복 운동을 하기도 합니다.

그렇다면 플랑크톤은 어떻게 가라앉지 않고 물에 떠 있을 수 있을까요? 플랑크톤은 몸의 크기를 작게 해 가라앉는 속도를 늦추거나 몸에 지방 성분을 갖거나 털이나 돌기, 뿔 등으로 몸의 표면적을 넓혀 물의 저항을 높이는 등 다양한 전략을 사용합니다. 또한 사슬형, 나선형, 원형 등의 긴 사슬을 형성하는 전략을 병행하기도 합니다.

몸속에 **기름 알갱이**가 있어 부력을 높인다.

털이나 **뿔**을 이용해 표면 저항을 높인다.

섬모나 **편모** 등으로 가라앉지 않게 한다.

잠깐만 떠돌이, 임시 플랑크톤

꽃게처럼 헤엄을 치거나 따개비처럼 한곳에 붙어서 생활하는 생물은 플랑크톤이라고 하지 않습니다. 그러나 이런 생물들도 알에서 막 깬 어린 시기에는 물의 흐름을 따라 이리저리 떠돌아다니므로 그때는 플랑크톤으로 볼 수 있습니다.

이처럼 일생 중 잠시 동안만 플랑크톤 생활을 하는 생물을 임시 플랑크톤이라 하여 영구 플랑크톤과 구분합니다. 이런 임시 플랑크톤들은 대부분 플랑크톤 시기와 성체 시기의 모습이 완전히 다릅니다.

▎ 성체가 되기 전, 물살에 휩쓸려 다니는 어린 갯지렁이

알에서 깬 어린 **게**는 '조에아'라고 하는데, 툭 튀어나온 한 쌍의 눈과 길쭉한 이마뿔, 긴 꼬리를 가지고 있어서 어미와는 전혀 다른 모습입니다.

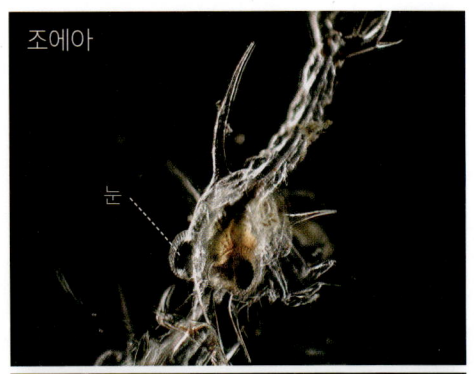
조에아

조에아는 자라면서 가재와 비슷한 '메갈로파'로 변하고 꼬리마디는 배 쪽으로 구부러져 어린 게의 모습이 됩니

메갈로파

다. 그러면 임시 플랑크톤의 시기는 끝이 나지요. 그래서 조에아를 관찰하려면 게가 알을 낳는 시기에 맞춰서 플랑크톤을 채집해야 합니다.

꽃게

조개는 암컷이 뿜어 낸 알과 수컷이 뿜어 낸 정자가 만나 수정이 이루어집니다. 수정된 알은 '트로코포어'라는 유생으로 자라는데, 둥근 몸 가운데 섬모띠를 가지고 있습니다. 이 섬모를 움직여 이동도 하고, 물살을 일으켜 먹이를 입으로 끌어들이기도 합니다.

트로코포어는 며칠 뒤 조금 더 성체의 모습에 가까운 '벨리저'가 되며 껍데기와 껍데기 안에 발이 보입니다. '벨리저' 단계를 끝으로 조개는 임시 플랑크톤 시기를 끝내고 바닥 생활을 시작합니다.

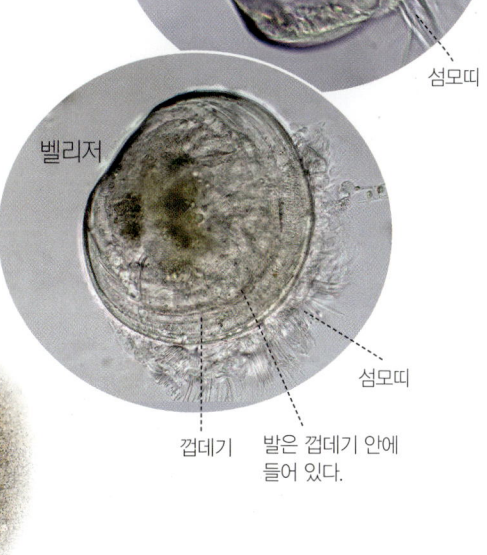

트로코포어

섬모띠

벨리저

섬모띠

껍데기   발은 껍데기 안에 들어 있다.

떡조개

바닷물 속에서 수정된 **갯지렁이**의 알은 부화하여 '트로코포어' 유생이 됩니다. 이후 계속 자라 여러 개의 마디를 가진 어린 갯지렁이가 되지요. 사진에서 볼 수 있듯 어린 갯지렁이는 길고 뻣뻣한 털들을 이용해 물속을 헤엄치듯 다닙니다. 좀 더 자라면 털은 사라지고 몸의 마디는 그 수가 더 늘어나 바닥 생활을 시작합니다.

아주 어린 갯지렁이 시절에는 긴 털을 이용해 헤엄친다.

바닥 생활을 시작하기 직전의 어린 갯지렁이. 긴 털은 떨어져 나가고 몸의 마디가 늘어났다.

두토막눈썹참갯지렁이

바닷가에서 바위를 뒤덮고 있는 **따개비**를 본 적 있나요? 알에서 갓 깬 따개비 유생은 어떻게 생겼을까요?

따개비의 수정된 알은 어미의 몸 안에서 부화되어 바다에 뿌려집니다. 이를 '노플리우스'라고 하는데, 방패 모양의 껍데기를 덮어 쓰고 있는 노플리우스는 여러 번 탈피를 한 후 '사이프리드'가 됩니다. 이때는 마치 조개처럼 보입니다.

사이프리드는 더듬이로 바위 같은 단단한 물체를 찾아 접착 물질을 분비해 평생을 그곳에 붙어 살아갑니다.

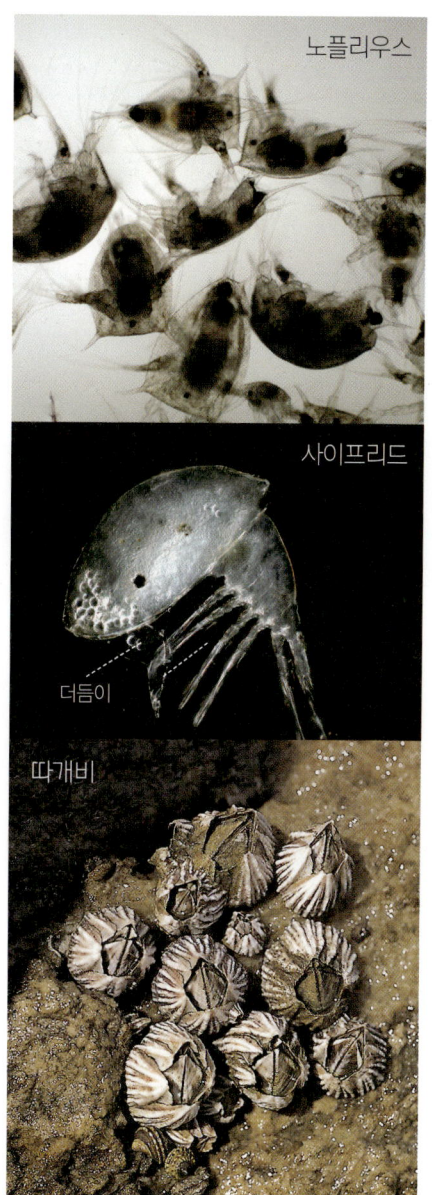

노플리우스

사이프리드

더듬이

따개비

마치 우산살처럼 보이는 이 플랑크톤은 **성게**의 유생인 '에키노플루테우스'입니다. 에키노플루테우스는 자라면서 팔의 개수가 점점 늘어납니다. 이후 극적으로 탈바꿈을 해 밤송이처럼 생긴 성게가 되지요. 마치 애벌레가 번데기를 거쳐 나비가 되는 것만큼이나 놀라운 변화입니다.

에키노플루테우스

보라성게

어린 거미불가사리

거미불가사리

불가사리의 수정된 알은 발달을 계속해 비피나리아, 브라키오라리아 등의 유생 단계를 거쳐 어린 불가사리로 자라납니다. 어린 불가사리는 바닷속을 떠돌아다니지만 성체가 되면 바닥에 정착해 살아갑니다.

바닷속을 떠다니는 **물고기**의 알은 물론이고, 그 알에서 갓 깬 자어(난황이 달린 어린 물고기)와 어린 치어도 스스로의 힘으로 물살을 거슬러 헤엄칠 수 없으므로 플랑크톤이라 할 수 있습니다. 이때는 몸이 투명하고 상대적으로 눈이 커 보입니다.

알

치어

명태

3-3
임시 플랑크톤 과정을 거치면 어떤 점이 좋을까?

많은 해양 생물들이 어린 시기는 성체와 전혀 다른 모습으로 떠돌이 생활을 합니다. 플랑크톤으로 살아가는 것이지요. 그 이유는 마치 민들레나 소나무가 한곳에서 경쟁하지 않기 위해 씨앗을 널리 퍼뜨리는 것과 같습니다. 즉, 조개, 불가사리, 따개비 등도 자손을 멀리 퍼뜨리기 위해 작고 가벼운 플랑크톤 시기를 거치는 것이지요.

게다가 대부분 플랑크톤 시기에는 몸이 아주 작고 투명하기 때문에 포식자의 눈에 잘 띄지 않습니다. 꽤 괜찮은 전략이지요?

4. 연못의 식물 플랑크톤

SECRET OF PLANKTON

주변에 있는 연못을 떠올려 보세요. 어떤 생물들이 살고 있나요? 개구리밥, 마름, 부들, 수련, 창포와 같은 식물들과 물달팽이, 소금쟁이, 붕어, 개구리와 같은 동물들이 연못에 터를 잡고 살아갑니다. 가끔씩 새나 잠자리도 다녀가지요.

그런데 눈에 보이지 않는 작은 플랑크톤들도 이 연못 생태계에서 빼놓을 수 없는 중요한 생물들입니다. 연못 생물들의 중요한 먹이가 되기 때문입니다.

{ 커다란 공원 연못부터 집 안의 작은 연못까지 어디서나 플랑크톤을 볼 수 있다.

지금부터는 연못의 식물 플랑크톤을 만나 봐요.

연못의 식물 플랑크톤		
남조류	흔들말 | 염주말	
녹조류	해캄 | 반달말 | 장구말 | 팔장구말 | 뗏목말 | 훈장말 | 나팔말 | 시누라 | 고니움 | 유도리나	
규조류	사이클로텔라 | 스테파노디스쿠스 | 심벨리아 | 나비쿨라 | 피눌라리아 | 에스테리오넬라 | 플라질라리아 | 바실라리아 | 타벨라리아	
와편모조류	페리디니움 | 김노디니움	
편모충류	유글레나 | 파쿠스 | 트라켈로모나스	

원시 식물, 남조류

남조류는 하나의 세포가 하나의 생물을 이루는 단세포 식물 플랑크톤 중 가장 원시적인 생물입니다. 핵과 미토콘드리아 같은 기관들이 없지요. 그 원시적인 구조가 박테리아 같다고 해서 '시아노박테리아' 혹은 '남세균'이라고도 합니다.

그러나 남조류는 엽록체를 가지고 있어 광합성을 하기 때문에 식물 플랑크톤으로 분류할 수 있습니다. 광합성을 하여 녹말을 생산하고, 그 과정에서 이산화 탄소를 흡수하고 산소를 내보냅니다. 과학자들은 남조류를 광합성을 해서 산소를 내보낸 최초의 생물로 보고 있습니다.

남조류는 민물, 바다, 극지방, 심지어는 온천이나 흙 속에서까지 살 수 있으니 대단한 생명력입니다. 흔들말, 염주말 등이 흔하게 관찰됩니다.

핵은 세포가 활동하는 데 중심이 되는 기관이고, 미토콘드리아는 세포의 발전소 같은 기관이에요.

흔들말은 연못에서 꽤 쉽게 만날 수 있습니다. 세포가 연결되어 긴 실 모양을 이루고 있는데, 현미경으로 관찰하면 조금씩 흔들리듯 움직이는 걸 볼 수 있습니다.

흔들말은 어떻게 움직일 수 있을까요? 어떤 연구에서는 세포에서 점액질을 내보내기 때문이라고 하고 다른 연구에서는 세포벽의 단백질 성분 때문이라고 설명하고 있습니다. 하지만 아직 명확한 이유는 밝혀지지 않았습니다.

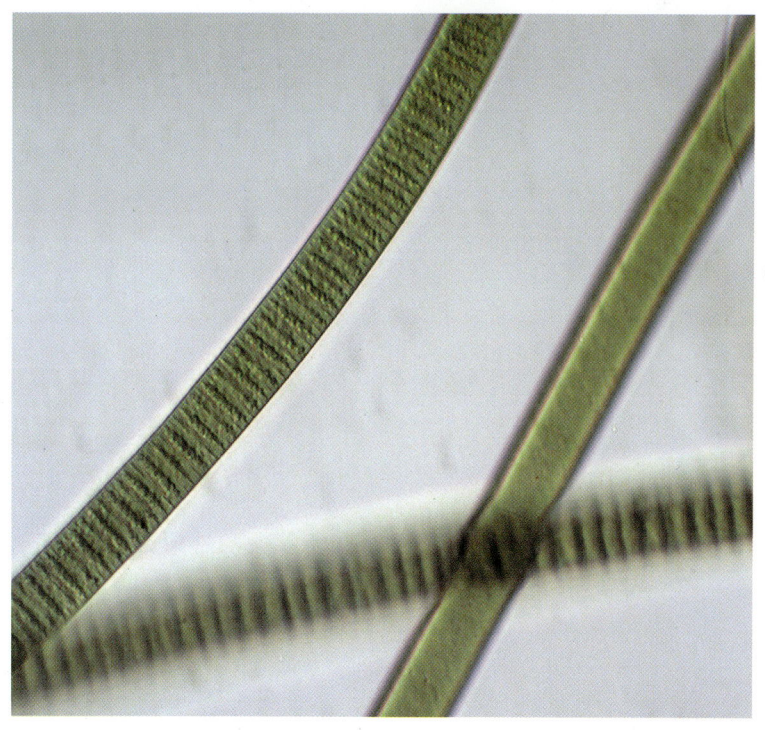

염주말은 둥근 세포들이 염주처럼 한 줄로 길게 연결되어 있습니다. 염주알 같은 세포들 사이에 있는 약간 큰 타원형 세포는 휴면 세포로, 나중에 새로운 개체로 자라날 부분입니다. 군데군데 있는 약간 투명한 둥근 세포는 질소를 고정하는 역할을 합니다.

휴면 세포

질소를 고정하는 역할을 하는 세포

{ 질소 고정 : 질소는 생명체를 구성하는 매우 중요한 요소 중 하나이다. 공기 중에 질소가 78퍼센트나 있지만 식물은 이것을 그대로 흡수하지 못하기 때문에 미생물의 도움을 받아 암모니아 등의 형태로 바꾸어 흡수한다. 이러한 과정을 질소 고정이라 한다.

아주 작은 풀, 녹조류

녹조류는 그 이름이 말해주듯 엽록체 때문에 녹색을 띠고 있습니다. 단세포 혹은 다세포 생물로, 여럿이 모여 군체를 이루고 있기도 합니다.

해캄, 반달말, 장구말, 뗏목말과 같은 녹조류는 편모가 없지만 나팔말, 시누라, 고니움 등의 녹조류는 실 같은 편모를 가지고 있습니다.

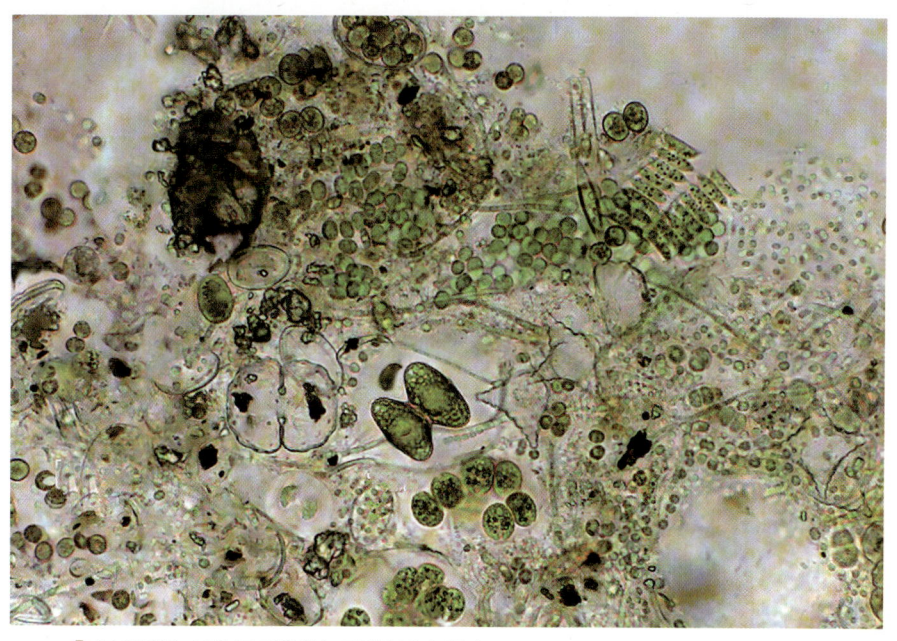
▎ 물 한 방울 속에서도 다양한 녹조류를 볼 수 있다.

▍ 연못에 무리지어 있는 해캄(왼쪽)과 확대한 모습(오른쪽)

연못에서 머리카락처럼 얽혀 있는 녹색 덩어리를 본 적 있나요? 이것이 **해캄**입니다. 현미경으로 100배 정도 확대해 보면 원통형 세포가 길게 연결되어 있는 것을 볼 수 있는데, 세포 안에는 나선형으로 꼬여 있는 엽록체가 있습니다.

해캄은 수온이 높고 광합성 하기 좋은 환경에서는 빠르게 번식하며, 산소를 내뿜어 거품 같은 것이 함께 보이기도 합니다. 하지만 수온이 낮아지거나 환경이 나빠지면 오히려 세포들이 합체되어 양이 줄어듭니다.

▍ 환경이 나빠져 합체되고 있는 모습

반달말은 이름과는 달리 초승달 모양에 더 가까운데, 종에 따라 그 모양과 크기가 매우 다양합니다. 좌우가 대칭된 모습을 하고 있는데, 아주 조금씩 움직이기도 합니다.

반달말은 종류에 따라 엽록체 안에 있는 단백질 덩어리인 피레노이드의 수가 다양합니다. 양 끝을 자세히 관찰해 보면 황화칼슘 혹은 황화바륨 성분의 작은 알갱이들이 불규칙적으로 끊임없이 움직이고 있는 걸 볼 수 있습니다. 그러나 이 알갱이들이 어떤 역할을 하는지는 아직 밝혀지지 않았습니다.

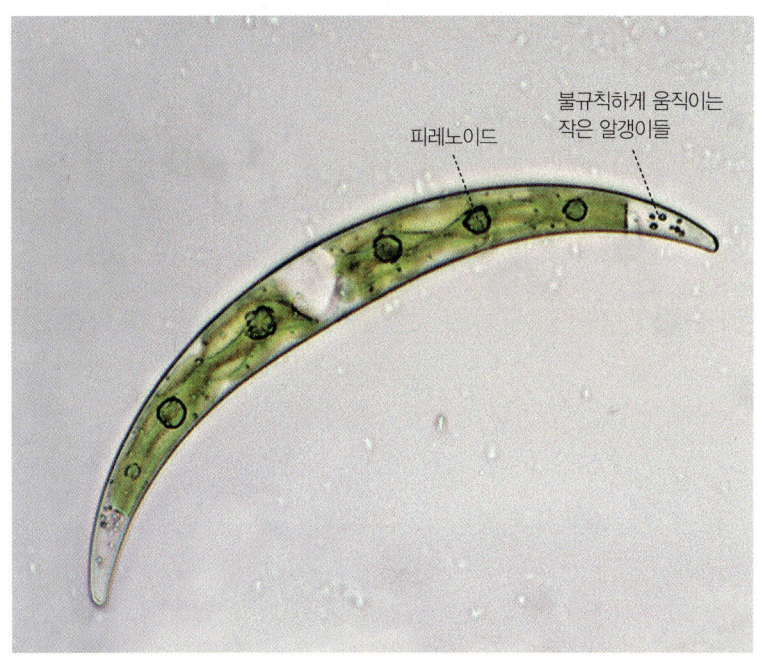

장구말은 가운데가 움푹 파이고, 그것을 중심으로 반원형 세포가 마주 보고 있습니다. 이름 그대로 장구와 비슷하게 생겼지요.

종에 따라 가운데 파인 부분의 깊이와 너비가 다르며, 표면에 돌기가 있기도 합니다. 마주 보고 있는 세포의 가운데 부분에 새로운 딸세포가 생기면서 개체가 늘어납니다.

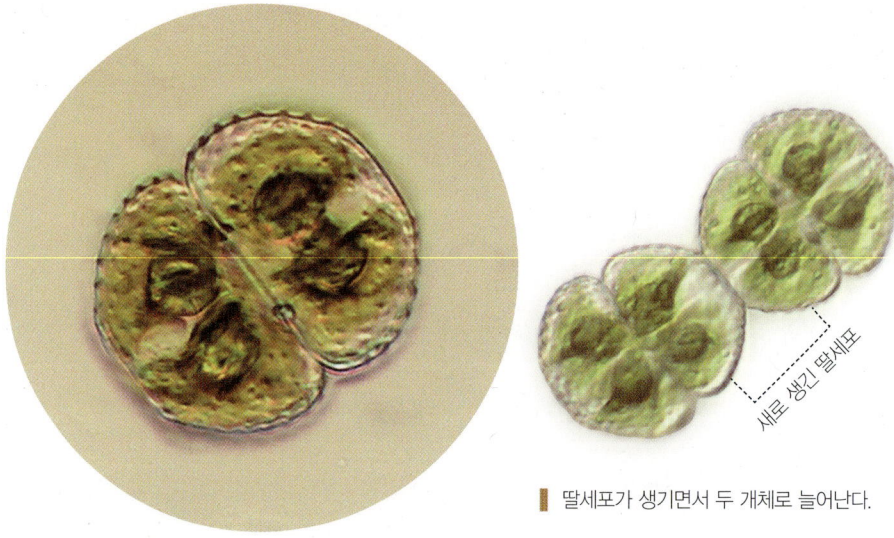

▎딸세포가 생기면서 두 개체로 늘어난다.

같은 팔장구말인데도 전혀 다르게 생겼네.

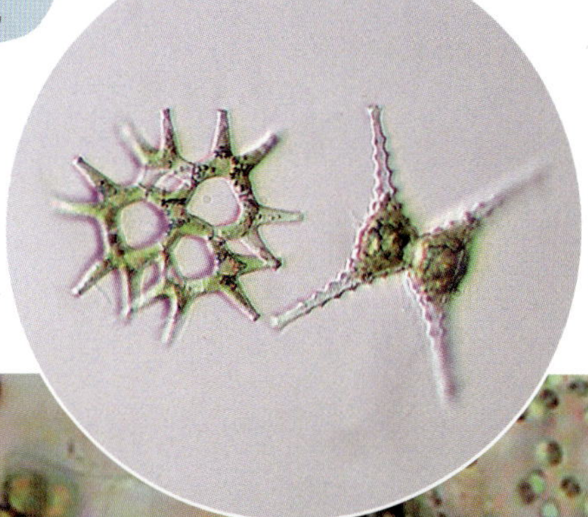

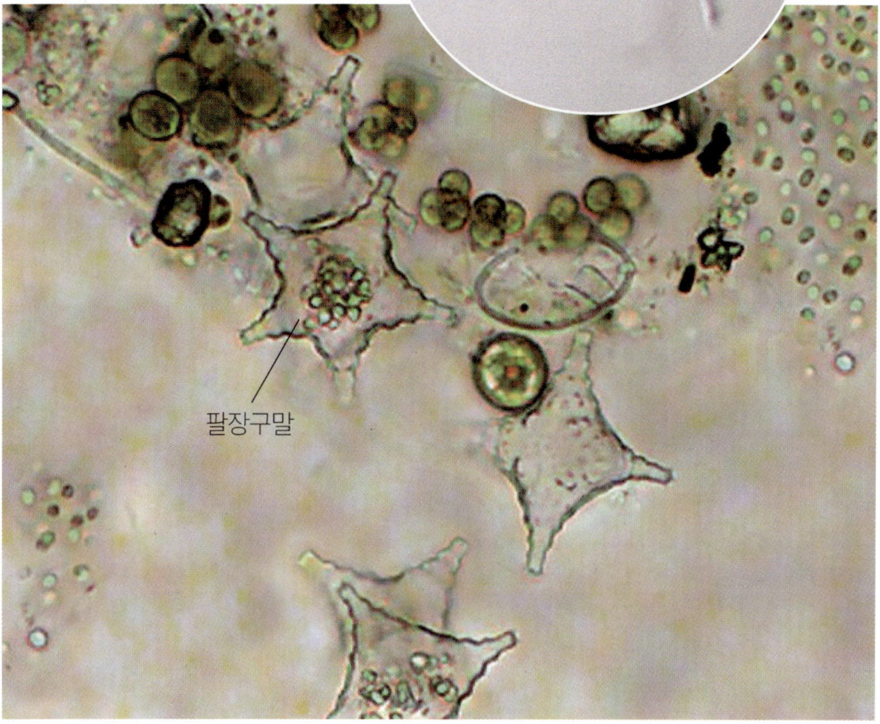

팔장구말

팔장구말은 마주 보고 있는 세포 사이가 깊게 푹 파여 있고, 밖으로 향한 끝이 좁습니다. 형태가 다양하고 표면에 작은 돌기가 있습니다.

109

뗏목말은 2개, 4개 혹은 8개의 세포가 옆으로 나란히 연결되어 뗏목 모양을 이루고 있습니다. 종에 따라 모양이 다양하며, 양 끝에 두 개의 뾰족한 가시 돌기를 가진 것과 없는 것이 있습니다.

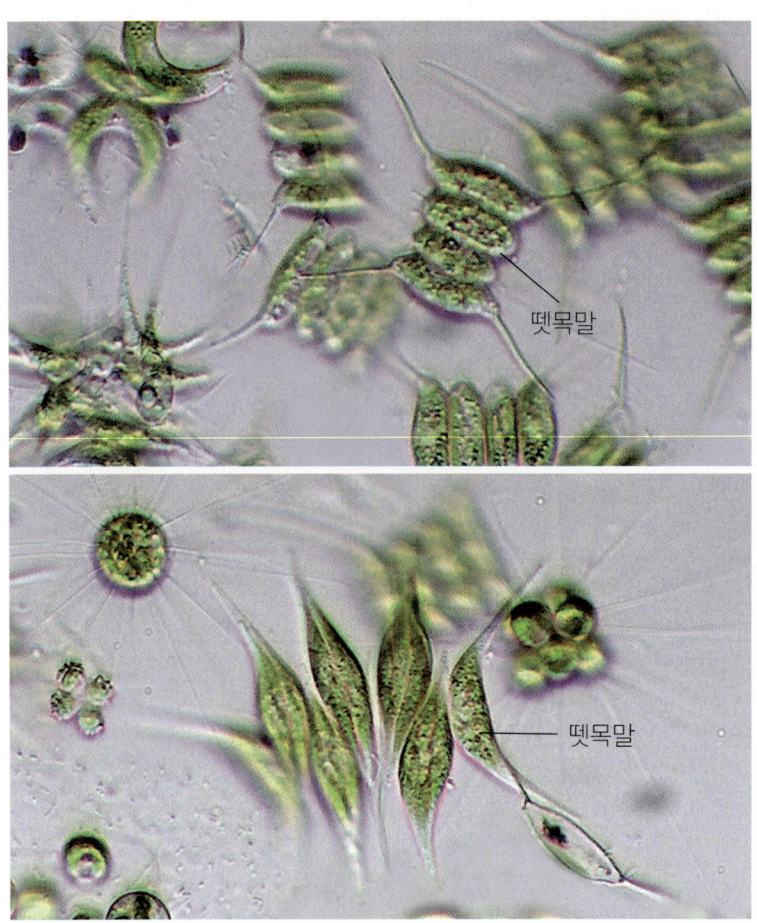

뗏목말

뗏목말

훈장말의 영어 이름은 '피디아스트룸'으로 '별을 닮은 식물'이라는 뜻입니다. 컴퓨터 프로그램으로 색을 입힌 큰 사진을 보세요. 생텍쥐페리의 소설 속 어린 왕자가 사는 소행성 B612처럼 보이지 않나요? 하지만 훈장말이란 이름도 참 잘 어울리는 플랑크톤입니다. 여러 개의 세포가 연결되어 있는데, 종에 따라 그 모양이 다양합니다.

나팔말은 여러 개체가 모여 나뭇가지 혹은 부채 모양의 덩어리를 이루고 있습니다. 각각의 개체는 두 개의 편모를 가지고 있으며, 꽃병 같은 껍데기에 둘러싸여 있습니다.

나팔말은 황갈색의 엽록체를 가지고 있으나 세균도 먹는 혼합 영양 생물입니다.

크게 확대해 보면 각 개체마다 빨간 안점이 있는 걸 볼 수 있다.

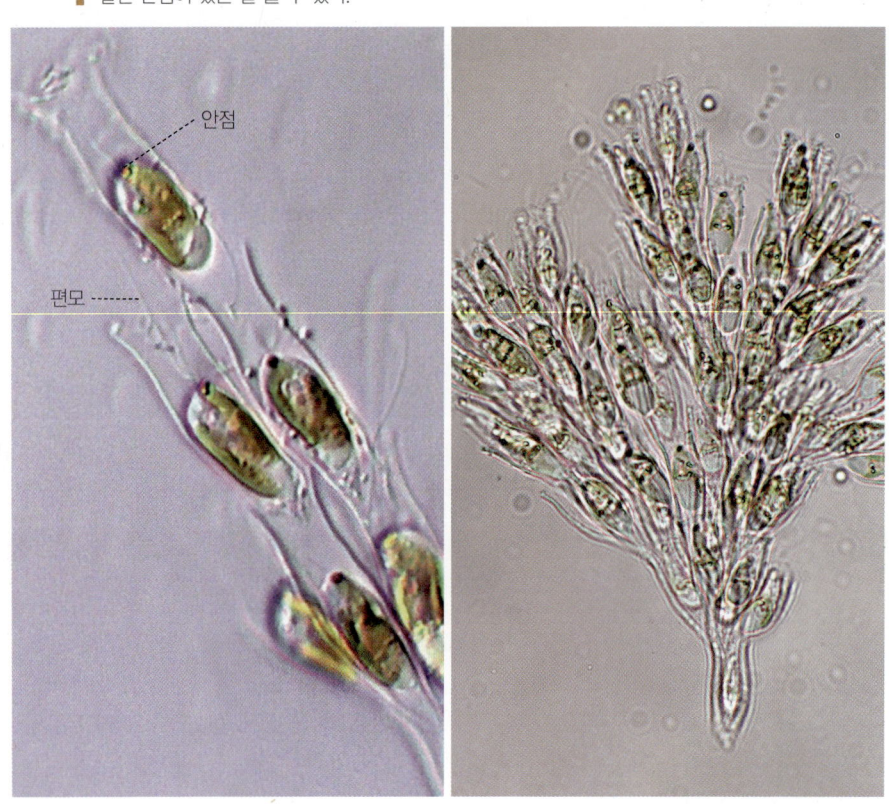

여러 개체가 모여 부채 모양을 이루고 있다.

시누라는 계란처럼 생긴 개체들이 여럿 모여 덩어리를 이루고 있습니다. 약간 뾰족한 부분이 다른 개체들과 붙고 둥근 부분이 밖을 향하는데, 여기에는 길이가 다른 두 개의 편모가 나 있습니다. 현미경으로 관찰해 보면 하나의 공이 굴러가듯 이동하는 모습을 볼 수 있습니다.

녹조류는 대부분 녹색을 띠지만 시누라와 나팔말 등 일부 종들은 푸코산틴이라는 갈색 색소도 가지고 있기 때문에 연갈색으로 보입니다.

편모

가끔 커다란 덩어리를 이루기도 한다.

고니움은 16개의 개체가 나란히 정렬해 사각형 모양의 군체를 이루고 있습니다. 4개는 가운데에 있고, 12개가 주위를 둘러싸고 있지요.

각각의 개체는 편모가 두 개씩 있고, 하나의 안점과 엽록체가 있습니다. '넷중심말'이라고도 불리는데, 편모를 이용해 활발히 움직이기도 합니다.

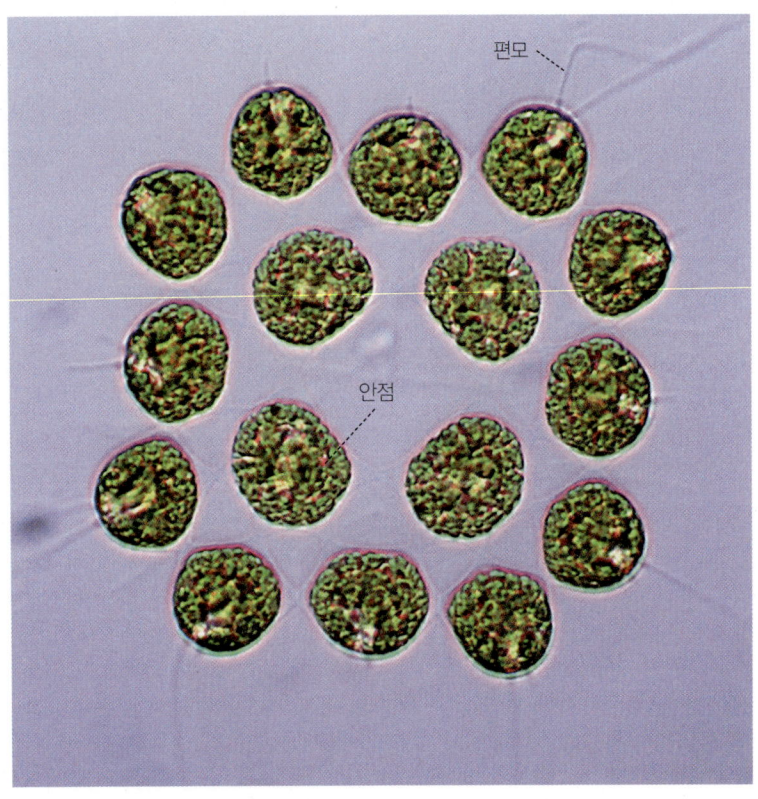

유도리나는 32개의 개체가 젤라틴 성분의 껍질에 싸여 공 모양의 군체를 이루고 있습니다. 고니움처럼 두 개의 편모와 하나의 안점, 그리고 엽록체가 있습니다. 편모를 이용해 움직입니다.

공이 굴러가듯 이동해요.

4-1
녹조 현상

플랑크톤이 급증해서 물 색이 붉게 변하는 것이 적조라면, 같은 현상으로 물 색이 녹색으로 변하는 것을 녹조 현상이라고 합니다.

적조는 바다나 호수 어디에서나 발생하지만 녹조는 담수에서 나타나는 현상입니다. 적조와 녹조의 색이 다르게 나타나는 이유는 급증하는 플랑크톤이 다르기 때문인데, 녹조 현상은 주로 남조류가 급증할 때 나타납니다.

녹조가 발생하면 한두 종의 남조류가 급격히 늘어 수중 생태계 균형이 깨지고, 일부는 독소를 생산해 피해를 입힙니다.

녹조를 일으키는 남조류들

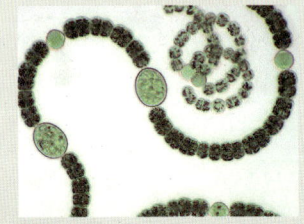
염주말

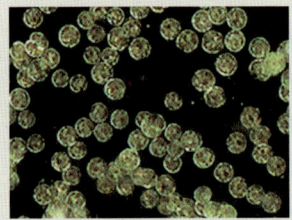
마이크로시스티스

낙동강 녹조 현상

연못의 규조류

민물에 살고 있는 규조류는 바다에 살고 있는 규조류와 기본적인 특징은 비슷합니다. 즉 뚜껑 닫힌 상자 모양을 하고 있으며, 실리카 성분의 단단한 껍데기를 가지고 있습니다. 규조류는 엽록소 외에도 푸코산틴이라는 갈색 색소를 가지고 있기 때문에 전반적으로 연한 갈색을 띠기도 합니다.

연못에 있는 규조류를 관찰해 보면 원통형보다는 타원형이나 길쭉한 것들이 더 흔하게 보입니다. 상하좌우가 대칭인지, 가운데 홈이 어떤 모양인지, 껍데기에 있는 구멍들이 어떻게 배열되어 있는지 등에 따라 다양한 종으로 분류됩니다.

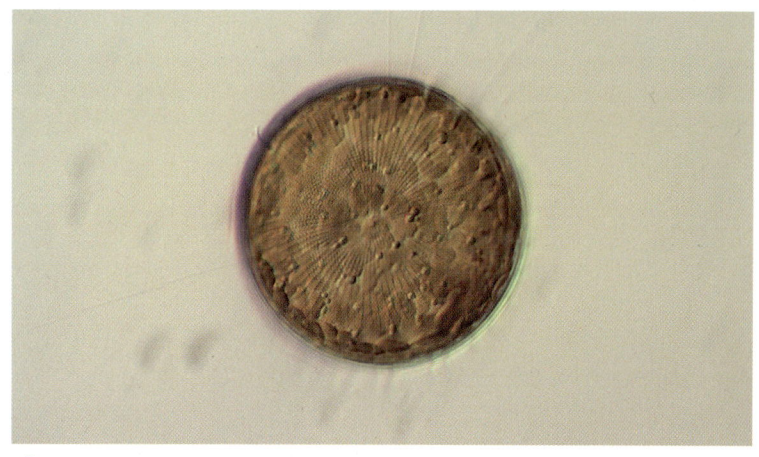

▌규조류인 사이클로텔라. 푸코산틴 때문에 연한 갈색을 띤다.

사이클로텔라는 납작한 원통형으로, 원의 가장자리에 규칙적으로 미세한 선이 배열되어 있습니다. 위쪽에서 보면 둥근 원 모양이고, 옆쪽에서 보면 사각형 모양이지요. 몇 개가 나란히 연결되어 있기도 합니다.

위에서 본 모습

옆에서 본 모습

사이클로텔라 여러 개가 연결되어 있는 모습

짧은 가시

엽록체

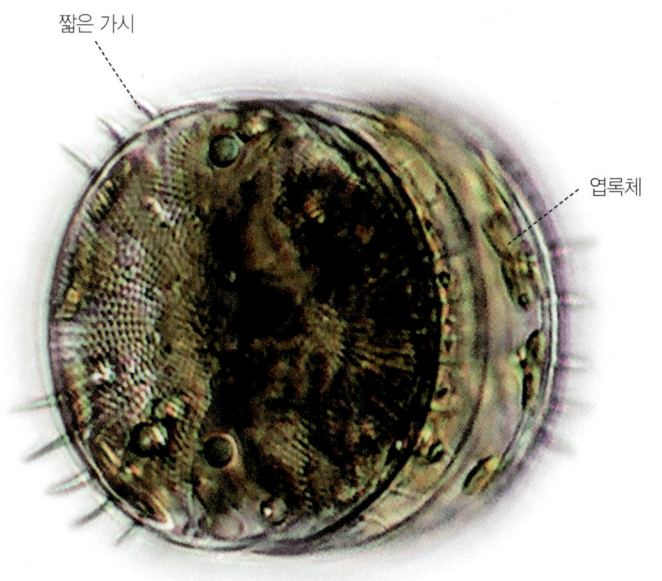

스테파노디스쿠스는 사이클로텔라와 달리 가장자리에 짧은 가시들이 나 있습니다. 원형 가운데 부분까지 아주 작은 구멍들이 규칙적으로 배열되어 있습니다. '고리돌말'이라고도 합니다.

우아~ 모양이 섬세해서 사람이 만든 장식품 같아.

심벨리아는 한쪽이 불룩한 부메랑 모양으로, '반달돌말'이라고도 합니다. 어떻게 보면 입술 같아 보이기도 하지요. 줄무늬처럼 보이는 건 사실 아주 미세한 구멍들입니다.

나비쿨라는 긴 쪽에 난 홈과 짧은 쪽에 있는 선의 모양, 위에서 본 모습 등에 따라 다양한 종으로 나뉩니다. 바다의 식물 플랑크톤에서 이야기했듯 대개 양 끝으로 갈수록 점점 좁아지는 쪽배 모양을 하고 있습니다.

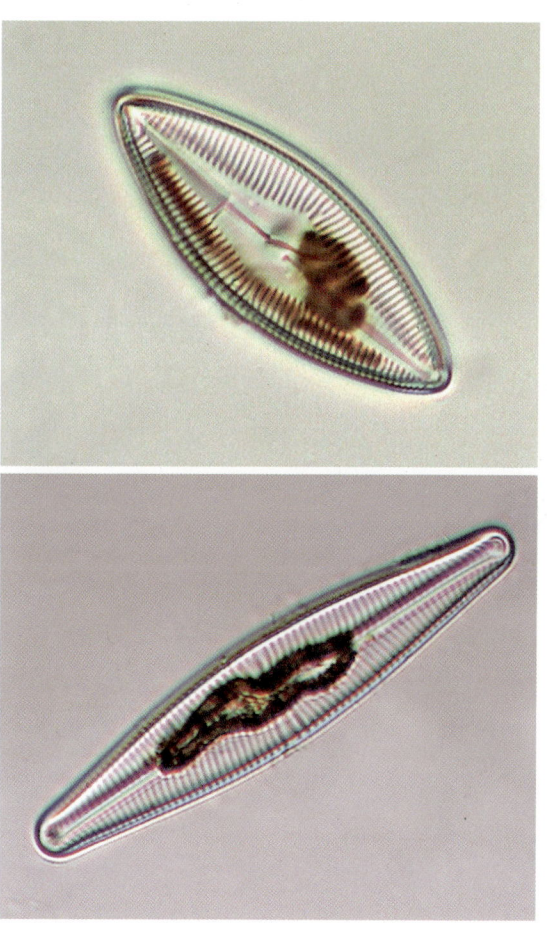

'빗살돌말'이라고도 불리는 **피눌라리아**는 전체적으로 긴 소시지 모양으로, 끝이 둥급니다. 대부분 연못 바닥이나 바닥 근처에서 채집되지요. 위 껍데기와 아래 껍데기가 분리되면서 두 개체로 늘어납니다.

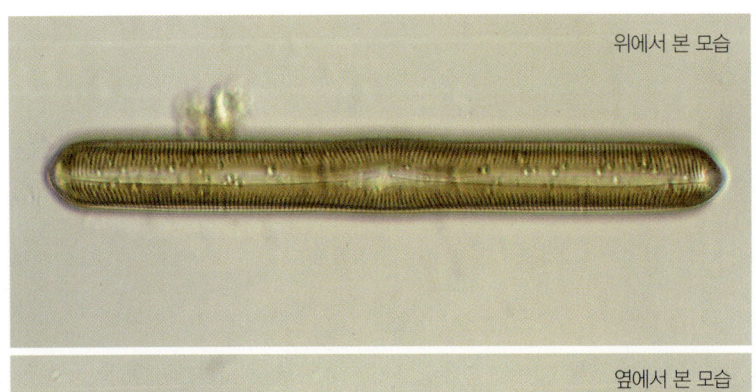

위에서 본 모습

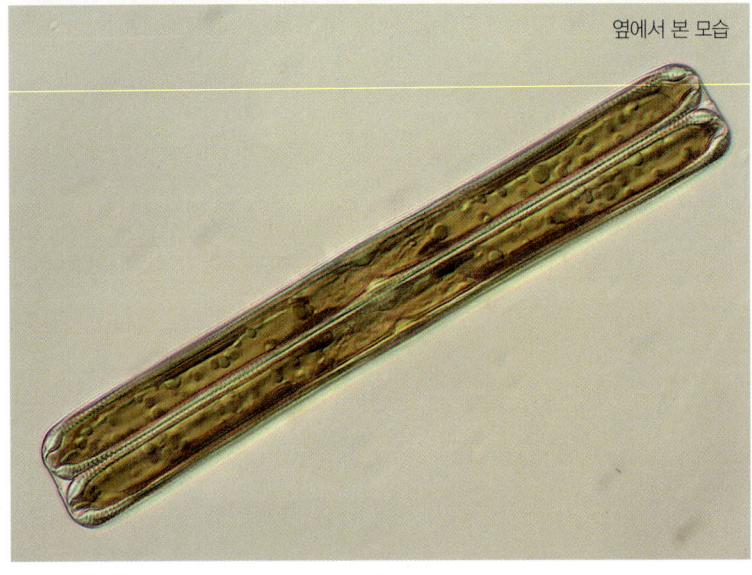

옆에서 본 모습

에스테리오넬라는 긴 막대 모양으로, 양 끝이 살짝 부풀어 있습니다. 몇 개의 개체들이 한쪽 끝을 연결해 별 모양의 군체를 이룹니다.

플라질라리아는 가운데가 살짝 도톰한 막대 모양을 하고 있습니다. 개체들끼리 옆으로 나란히 연결되어 있는 모습이 김밥을 말 때 쓰는 김발과 비슷해 '김발돌말'이라고도 합니다.

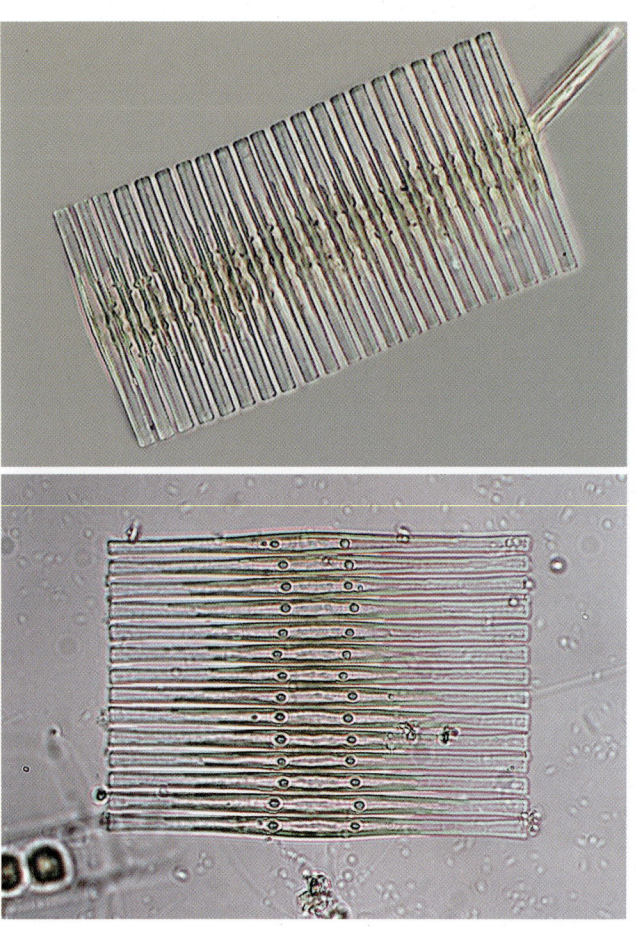

바실라리아는 얇고 긴 막대 모양으로, 많은 개체들이 옆으로 나란히 연결되어 있습니다. 마치 하나의 생물처럼 길게 늘어나고 수축하며 이동합니다.

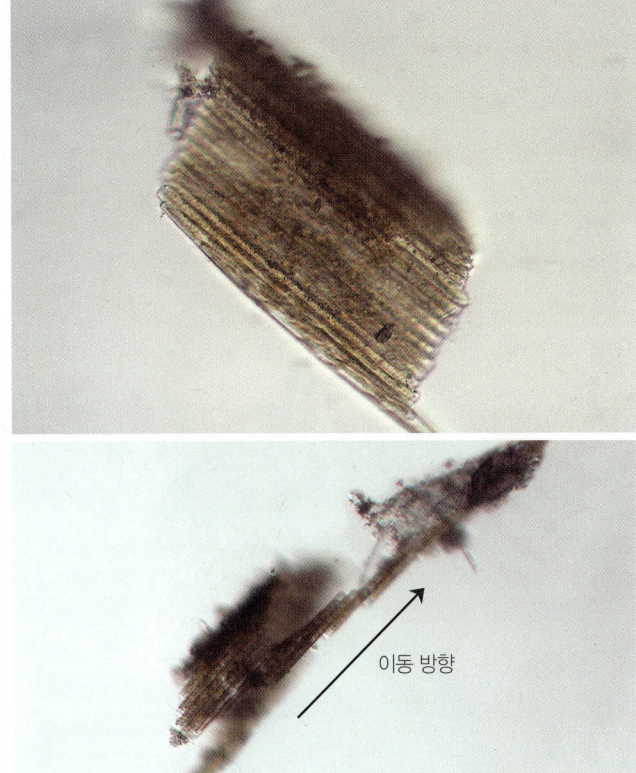

바실라리아가 이동하는 모습(아래). 한쪽을 길게 늘인 뒤 반대쪽이 수축하면서 이동한다.

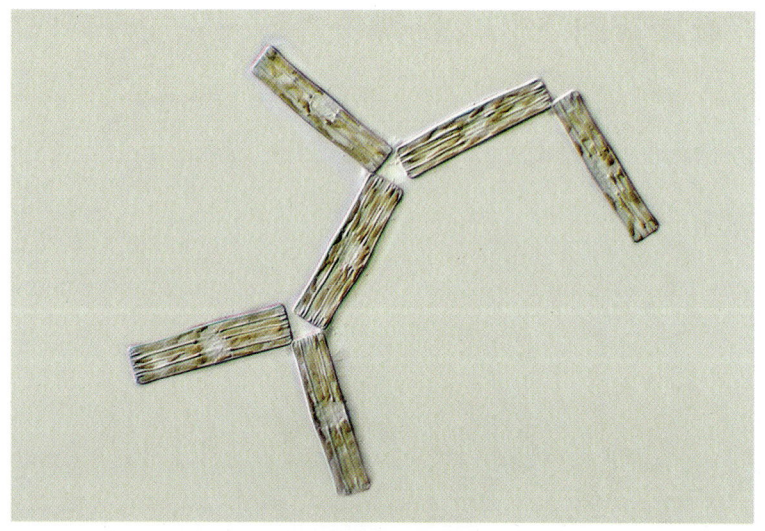

타벨라리아는 여러 개체가 밀착해 덩어리를 이루고, 그 덩어리가 다시 지그재그로 연결되어 있습니다. 현미경으로 살아 있는 개체를 관찰하면 늘 옆모습만 보입니다. '볼록뼈돌말'이라는 이름이 있습니다.

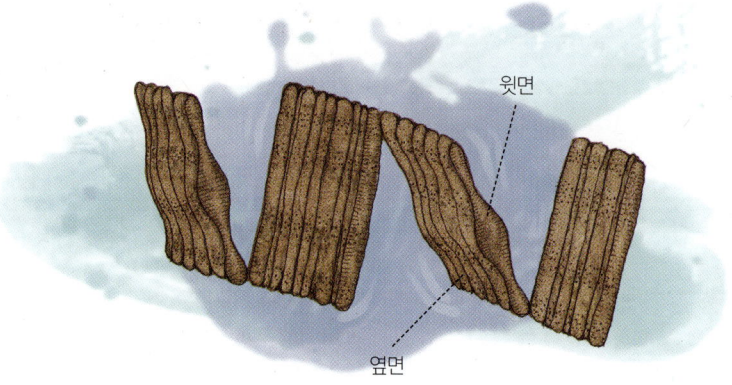

이 외에도 연못에는 다양한 규조류들이 살고 있습니다.

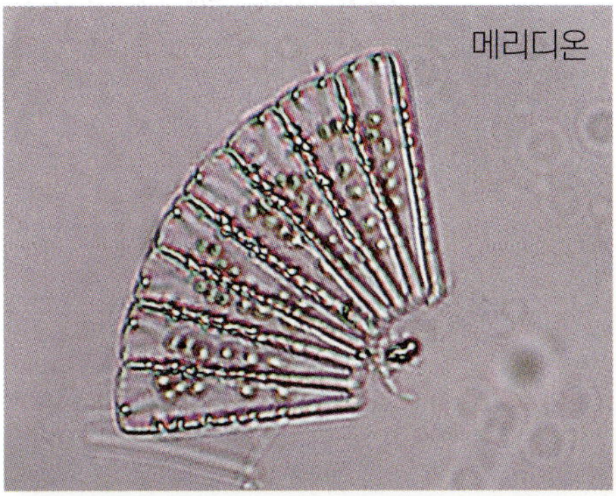

메리디온

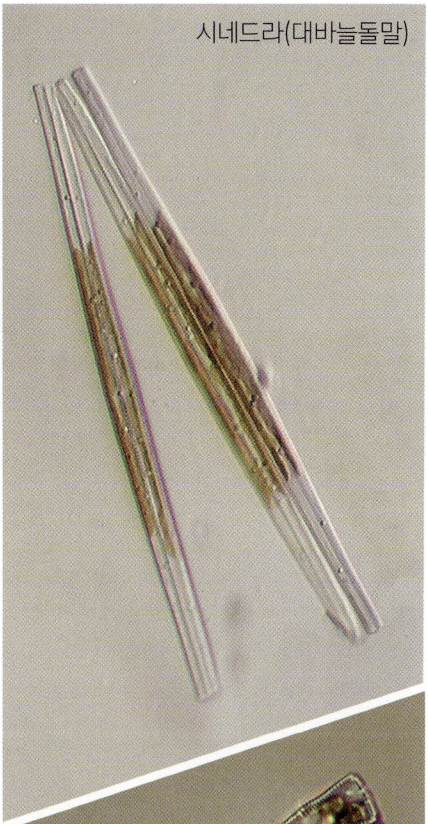

시네드라(대바늘돌말)

수리렐라

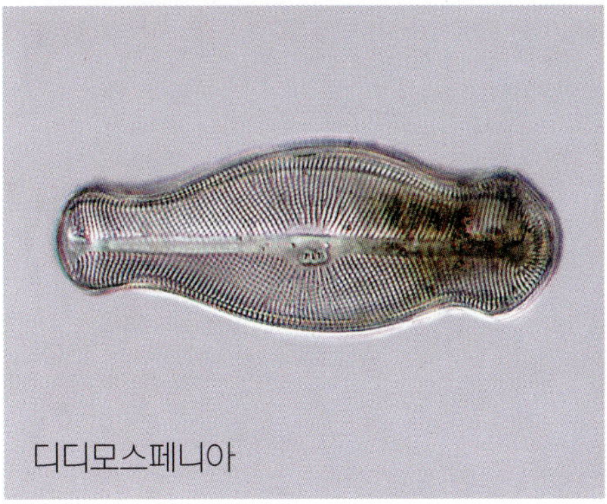

디디모스페니아

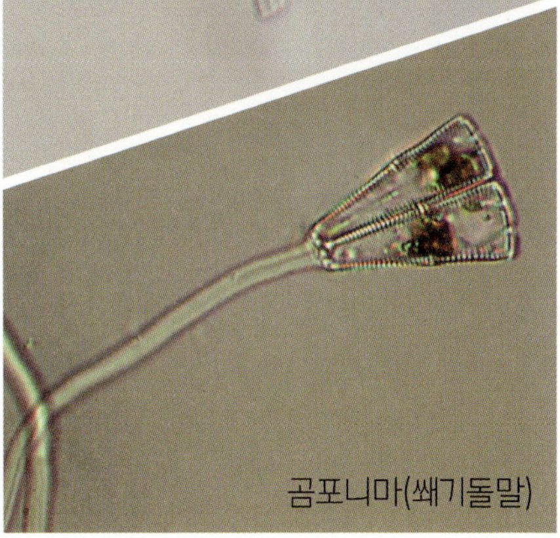

곰포니마(쐐기돌말)

4-2

플랑크톤으로 사인을 밝힌다

사람이 물에 빠져 숨진 채 발견되었다는 안타까운 소식이 가끔 뉴스에 나옵니다. 그 사망 원인이 확실하지 않아 부검을 하게 되면 플랑크톤 검사를 합니다. 사망의 직접적인 원인이 물에 빠져 질식한 것인지, 아니면 또 다른 원인이 있는지 가려내기 위해서입니다.

그 원리는 간단합니다. 살아 있는 상태에서 사람이 물에 빠지면 처음에는 숨을 참다가 결국 물을 들이키게 됩니다. 그러면 물이 허파로 들어와 산소 부족으로 숨지게 됩니다. 그런데 자연 상태의 바다나 호수의 물이라면, 허파로 물이 들어올 때 물속의 플랑크톤도 함께 들어오게 됩니다. 그 플랑크톤은 허파에 상당량 남아 있게 되고, 일부는 혈관을 타고 심장이나 간 같은 다른 조직에까지 퍼지게 됩니다. 그런 조직을 산성 용액으로 녹이고 농축해 플랑크톤의 일종인 규조류의 껍데기가 발견되면 익사한 것으로 판단합니다.

그러나 다른 원인으로 인해 숨진 채 물속에 버려진 경우라면 몸속 조직에서 플랑크톤이 발견되지 않습니다. 때문에 사망의 결정적인 원인이 익사가 아닌 다른 것에 있다고 결론짓습니다.

연못의 와편모조류

바다에 사는 와편모조류처럼 연못의 와편모조류 역시 두 개의 실 같은 편모로 활발하게 움직입니다. 편모 중 하나는 가로 방향으로, 다른 하나는 세로 방향으로 나 있습니다.

와편모조류는 종에 따라 바닷물이나 연못 등 사는 장소가 정해져 있으나 쎄라슘과 같은 일부 종은 해수와 담수 모두에서 관찰됩니다.

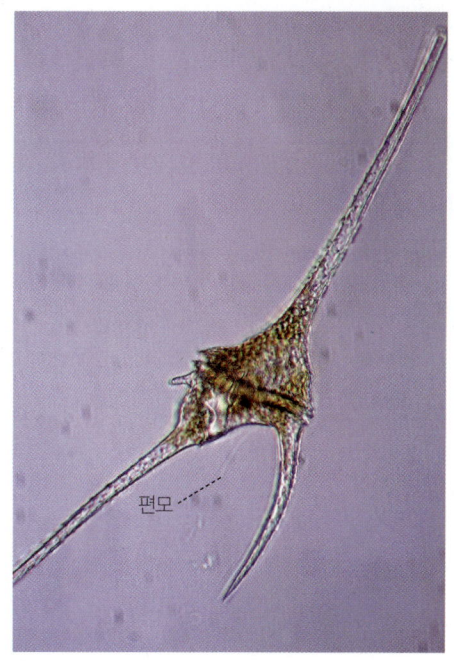

투명한 긴 편모를 움직여
헤엄치는 쎄라슘

페리디니움은 세포벽 안에 두꺼운 막이 있어 마치 갑옷을 입은 것 같습니다. 중간에 뚜렷한 홈이 있고, 그곳에 편모가 있습니다.

페리디니움

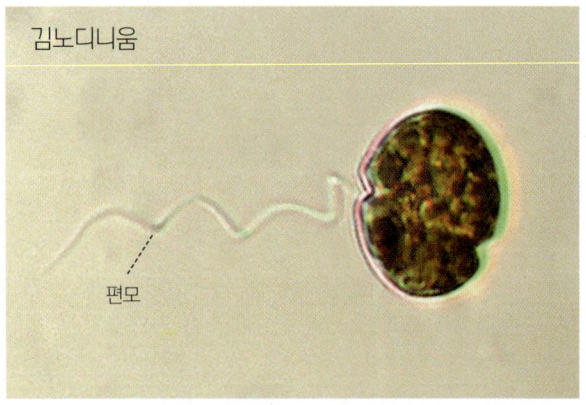

김노디니움

편모

김노디니움은 페리디니움과 달리 세포벽 안에 두꺼운 막이 없습니다. 편모는 매우 가늘고 투명합니다.

식물과 동물이 하나로, 편모충류

식물과 동물을 구분할 때, 흔히 엽록체가 있어서 광합성을 통해 스스로 양분을 만들 수 있으면 식물, 그렇지 못해 다른 생물을 잡아먹어야 하면 동물로 구분합니다. 하지만 모든 생물이 식물 혹은 동물로 명확하게 구분되는 것은 아닙니다. 일부 편모충류는 식물과 동물의 특성을 모두 가지고 있습니다.

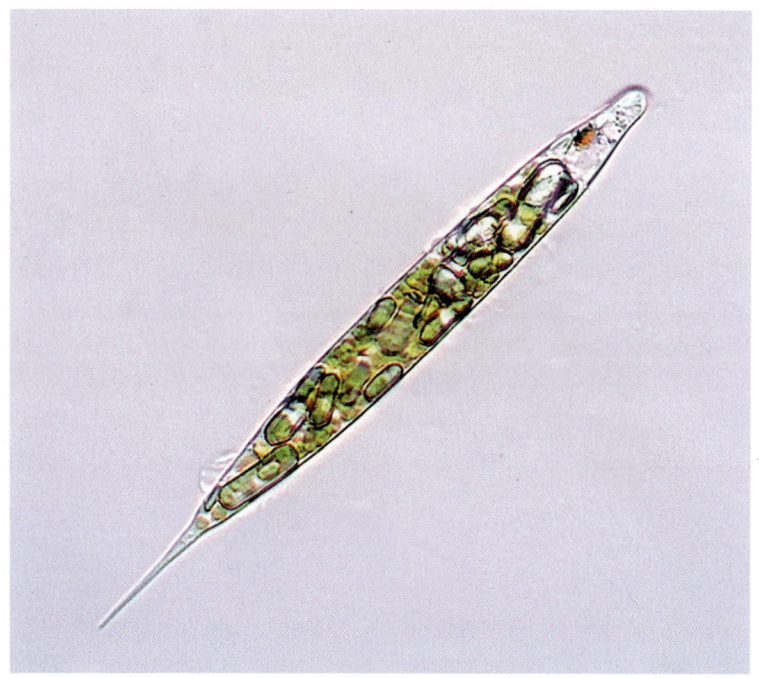

▎ 편모충류인 유글레나. 광합성을 하면서 먹이도 먹는다.

유글레나는 연못에서 쉽게 찾아볼 수 있는 플랑크톤입니다. 편모를 이용해 자유롭게 움직일 수 있지만 엽록체가 있으므로 식물 플랑크톤이라고 할 수 있습니다.

그러나 어두운 곳에 두면 유글레나는 엽록소를 잃고 먹이를 먹는데, 이는 동물적인 특성에 해당합니다. 즉 유글레나는 식물이면서 동시에 동물인 셈이지요. 빛을 느끼는 빨간 안점과 투명한 편모가 보이나요?

안점   편모

안점

편모

파쿠스는 유글레나와 같은 부류이지만 뒤틀린 납작한 잎사귀 모양을 하고 있습니다. 하나의 긴 편모를 이용해 앞으로 나아가지요. 사진에서 빨간 안점이 매우 뚜렷하게 보입니다.

트라켈로모나스는 단단한 껍데기를 가지고 있는데, '항아리말'이라고도 부릅니다. 일부 종은 표면에 짧은 가시들이 나 있습니다. 두 개의 편모 중 짧은 하나는 껍데기 속에 있고, 하나의 긴 편모만 껍데기 밖으로 내어 움직입니다.

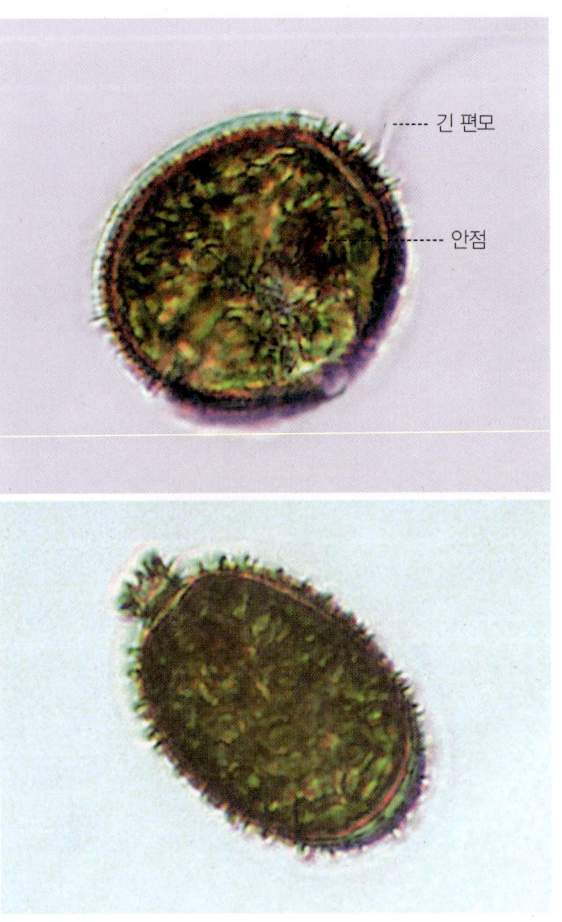

------ 긴 편모

------ 안점

동물의 특성만 가진 편모충류도 있다!

페라니마는 유글레나와 비슷해 보이지만 엽록소가 없고 먹이를 먹기 때문에 동물로 분류됩니다. 이동할 때 쓰는 편모가 다른 편모충류보다 훨씬 두껍습니다. 매우 가는 편모가 뒤쪽을 향해 하나 더 있는데, 몸에 거의 딱 붙어 있어서 잘 보이지 않습니다.

페라니마는 광합성을 안 하는구나.

5. 연못의 동물 플랑크톤

SECRET OF PLANKTON

연못에 사는 동물 플랑크톤들은 연못 생물들의 먹이가 되고, 박테리아나 식물 플랑크톤을 먹어 그 양을 조절하는 등 연못 생태계에서 매우 중요한 역할을 합니다.

흔히 볼 수 있는 동물 플랑크톤으로는 섬모충류, 위족충류, 윤충류, 태양충류, 요각류, 지각류, 패충류 등이 있습니다. 바다의 동물 플랑크톤에서 다루었던 종류도 보이지요?

하지만 종류는 같아도 서식 환경이 다르므로 바다와 연못에서는 서로 다른 종들이 관찰되는 경우가 많습니다.

그리고 바다의 동물 플랑크톤에서는 일생 중 잠시 동안만 플랑크톤 단계에 있는 임시 플랑크톤을 소개했는데, 연못의 플랑크톤은 대부분이 평생을 물에 떠다니는 영구 플랑크톤입니다.

연못의 동물 플랑크톤	
섬모충류	짚신벌레 | 프론토니아 | 블레파니즈마 | 디디니움 | 콜렙스 | 종벌레 | 나뭇가지종벌레 | 나팔벌레 | 스틸로니키아
위족충류	아메바 | 아르셀라
태양충류	악티노스패리움 | 악티노프리스 | 아칸토시스티스
윤충류	케라텔라 | 레파델라 | 브라키오누스
요각류	칼라노이드 | 사이클로포이드
지각류	물벼룩
패충류	싸이프로돕시스

연못의 동물 플랑크톤에는 무엇이 있을까?

작은 털이 빽빽한 섬모충류

연못의 섬모충류 역시 '섬모'라고 불리는 짧은 털이 많이 나 있습니다. 섬모의 움직임을 이용해 먹이를 끌어들이거나 활발히 헤엄을 치지요.

섬모는 몸 전체를 덮고 있는 경우도 있고, 먹이를 끌어들이는 입구에 줄지어 있거나 띠 모양으로 나 있는 경우도 있습니다. 어떤 건 다리처럼 변형되어 있기도 합니다. 이렇게 종에 따라 섬모가 나 있는 형태가 다양합니다.

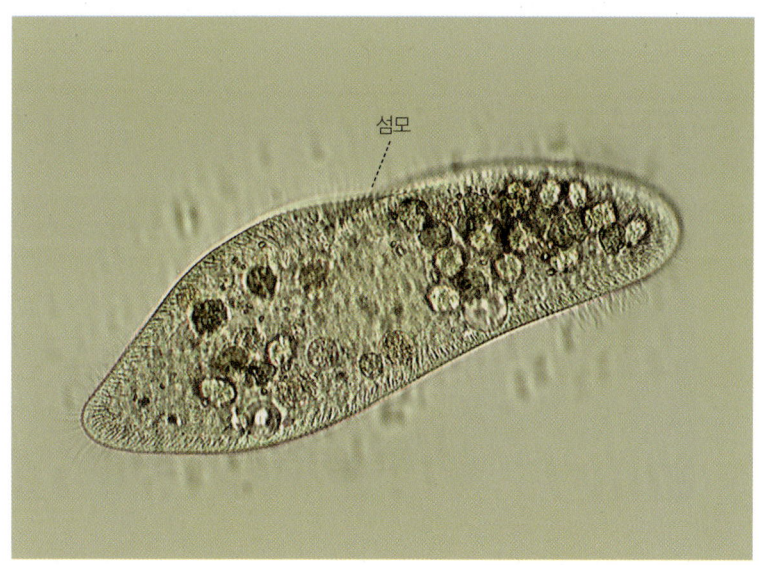

▌몸 전체에 촘촘히 섬모가 나 있는 짚신벌레

짚신벌레는 연못에서 흔히 볼 수 있는 대표적인 섬모충류입니다. 끝이 둥그런 쪽이 앞이고 뾰족한 쪽이 뒤인데, 앞뒤로 모두 이동할 수 있습니다.

짚신벌레는 가운데 먹이를 끌어들이는 입이 있습니다. 소화를 마친 찌꺼기는 가장자리로 옮겨 밖으로 내보냅니다.

소화를 마치고 찌꺼기를 내보내는 모습이 보이나요?

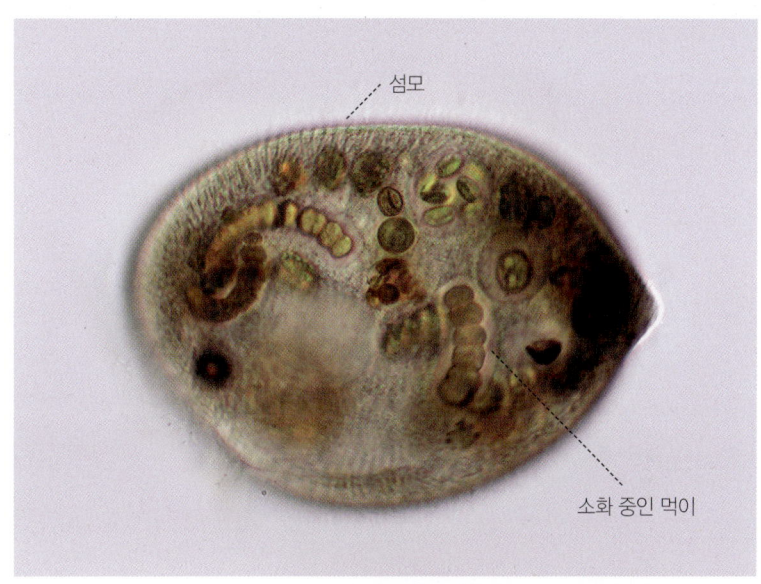

섬모

소화 중인 먹이

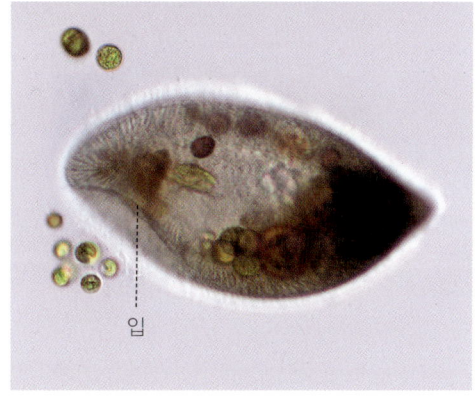

입

프론토니아는 짚신벌레보다 좀 더 둥근데, 녹조류나 규조류 같은 비교적 큰 먹이도 먹습니다. 가장자리의 짧은 섬모와 안쪽에 소화 중인 먹이들이 보이지요?

식포에 감싸여 소화되고 있는 먹이

입

섬모

블레파니즈마는 특이하게 분홍색을 띠고 있습니다. 어두운 곳에 오래 두면 더욱 붉어지지요. 입 주변에 촘촘히 발달한 약간 긴 섬모로 먹이를 끌어들입니다. 박테리아 같은 작은 먹이를 소화하고 있는 식포가 여럿 보이네요.

디디니움은 전체적으로 약간 타원형으로, 몸의 앞쪽과 중간 부분에 섬모띠가 있습니다. 불룩 튀어나온 부분에 입이 있는데, 작살 같은 가시를 내어 먹이를 찌른 다음 통째로 빨아들입니다. 자신보다 큰 먹이도 사냥하는데, 1~2분 정도면 짚신벌레 한 마리를 꿀꺽 삼킵니다.

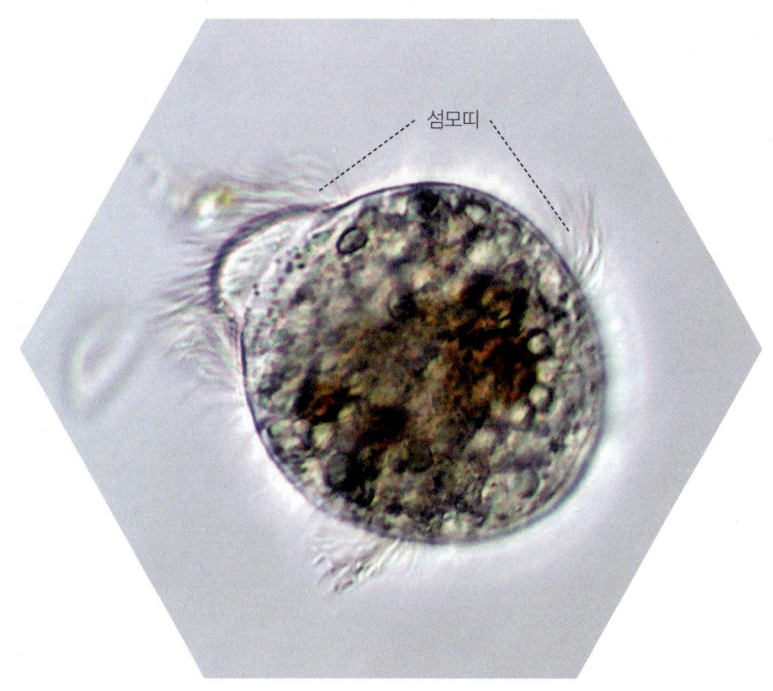

섬모띠

까지 않은 땅콩처럼 보이는 이 플랑크톤은 **콜렙스**입니다. 섬모를 이용해 옆으로 빙글빙글 돌며 빠르게 헤엄치지요. 주로 죽은 동물의 찌꺼기를 먹어 치웁니다.

콜렙스는 헤엄치는 속도가 매우 빨라서 시간이 지나 움직임이 느려질 때까지 기다렸다가 관찰해야 몸의 구조를 볼 수 있다.

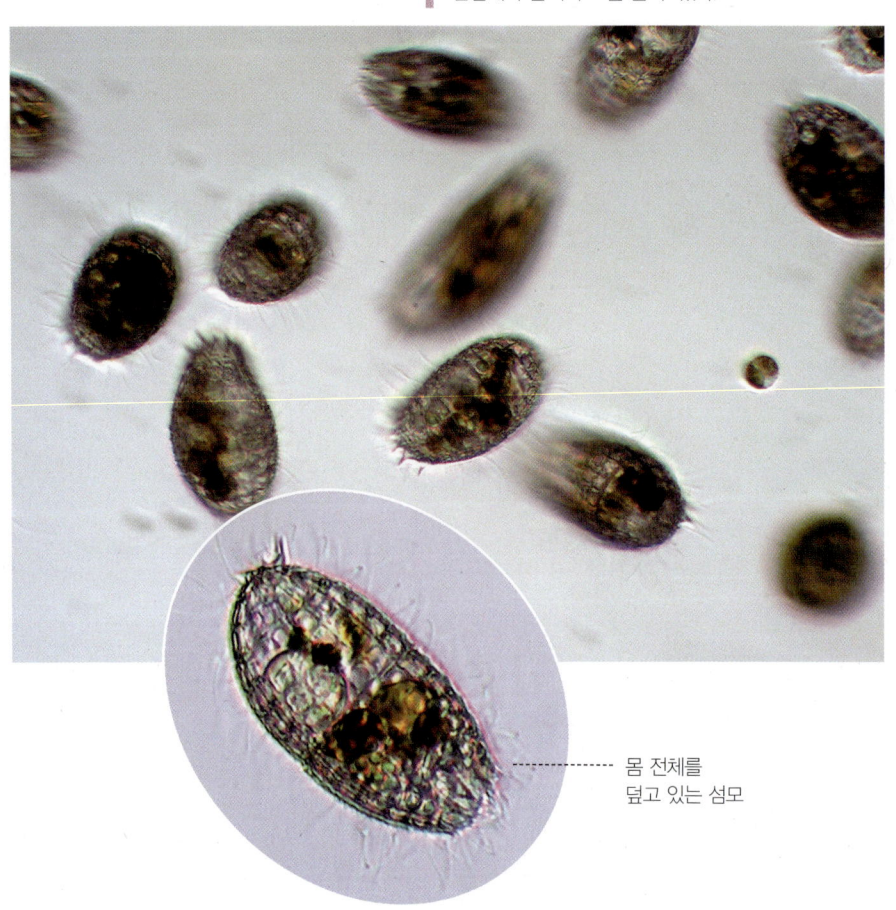

몸 전체를 덮고 있는 섬모

종벌레는 이름에서 알 수 있듯 그 모양이 종처럼 생겼는데, 입 주변에 줄지어 난 많은 섬모로 물결을 일으켜 먹이를 끌어들입니다. 스프링처럼 꼬여 있는 줄기는 신축성이 좋은데, 수초나 썩은 잎 등에 고정되어 있습니다.

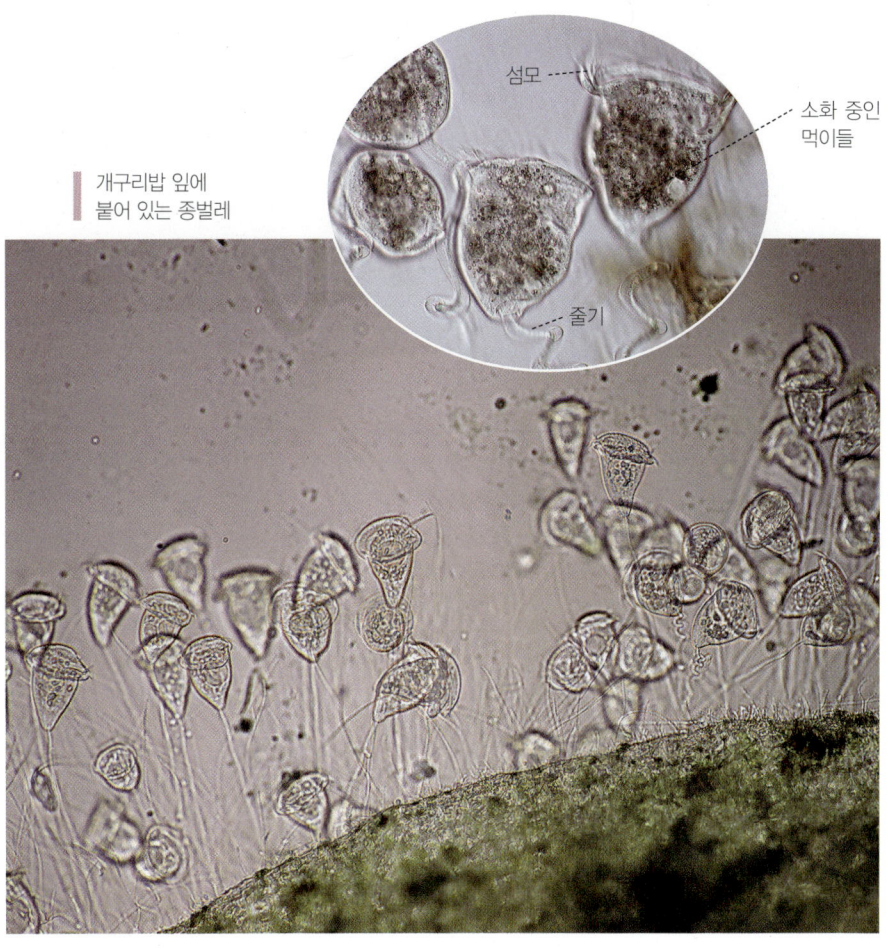

개구리밥 잎에 붙어 있는 종벌레

나뭇가지종벌레는 종벌레와 모양은 비슷하지만 줄기가 수축성이 없습니다. 나뭇가지처럼 갈라진 줄기 끝에 각 개체가 있으며, 독립적으로 먹이를 먹습니다.

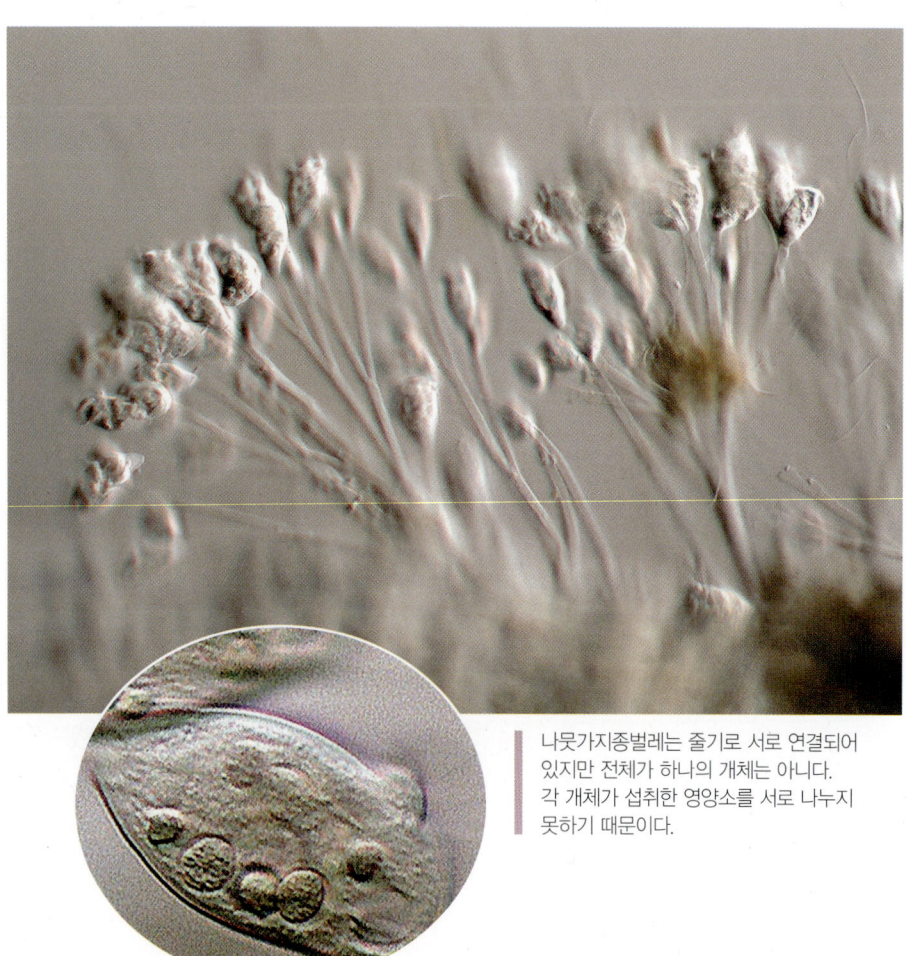

나뭇가지종벌레는 줄기로 서로 연결되어 있지만 전체가 하나의 개체는 아니다. 각 개체가 섭취한 영양소를 서로 나누지 못하기 때문이다.

나팔벌레는 이름처럼 나팔 모양을 하고 있습니다. 입 둘레는 넓고 반대쪽으로 갈수록 점점 좁아지지요. 입 둘레에 나 있는 많은 섬모들로 먹이를 끌어들입니다.

입의 반대쪽은 수초 같은 데 고정시킬 수도 있는데, 때로는 자유롭게 헤엄쳐 다른 곳으로 옮겨 가기도 합니다.

수초에 몸을 고정한 첫 번째 사진과 헤엄치는 세 번째 사진을 비교해 보세요. 전혀 다른 생물 같지 않나요?

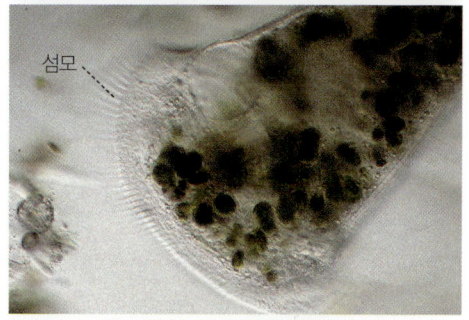
섬모

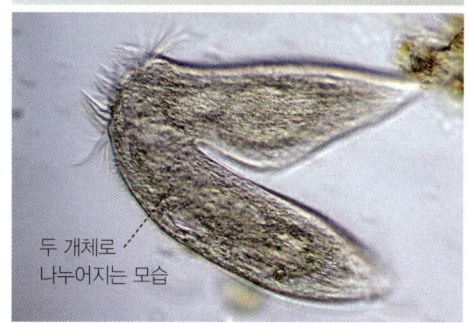
두 개체로 나누어지는 모습

스틸로니키아는 몸의 가장자리를 따라 섬모들이 잘 발달되어 있으며, 이것을 이용해 걷듯이 이동합니다. 입 주변에 촘촘히 줄지어 있는 섬모들(겹섬모열)로는 물살을 일으켜 입으로 먹이를 끌어들이지요. 꼬리 쪽에 세 개의 긴 섬모가 있습니다.

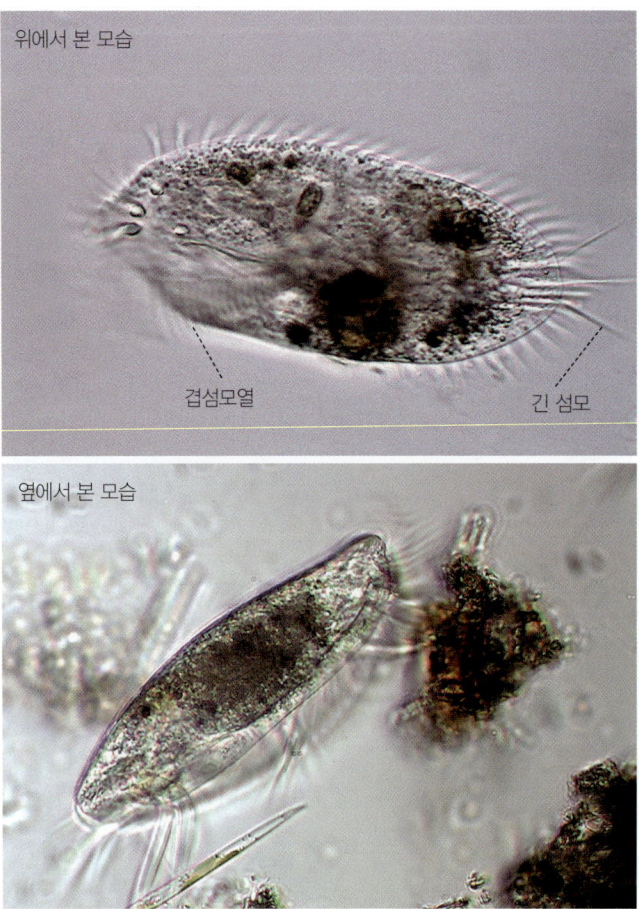

위에서 본 모습

겹섬모열   긴 섬모

옆에서 본 모습

▌ 섬모를 이용해 마치 걷듯이 이동한다.

닮았지만 다르다!

개스트로트리치는 많은 섬모와 가시돌기 때문에 섬모충으로 오해받지만 뇌, 난소, 장기 등을 갖추고 있는 다세포 생물로 단세포 생물인 섬모충과는 다르게 분류됩니다. 배 쪽에 나 있는 많은 섬모로 바닥을 미끄러지듯 움직여 '복모동물'이라고도 불립니다. 더피도더멜라, 캐토노투스 등이 있습니다.

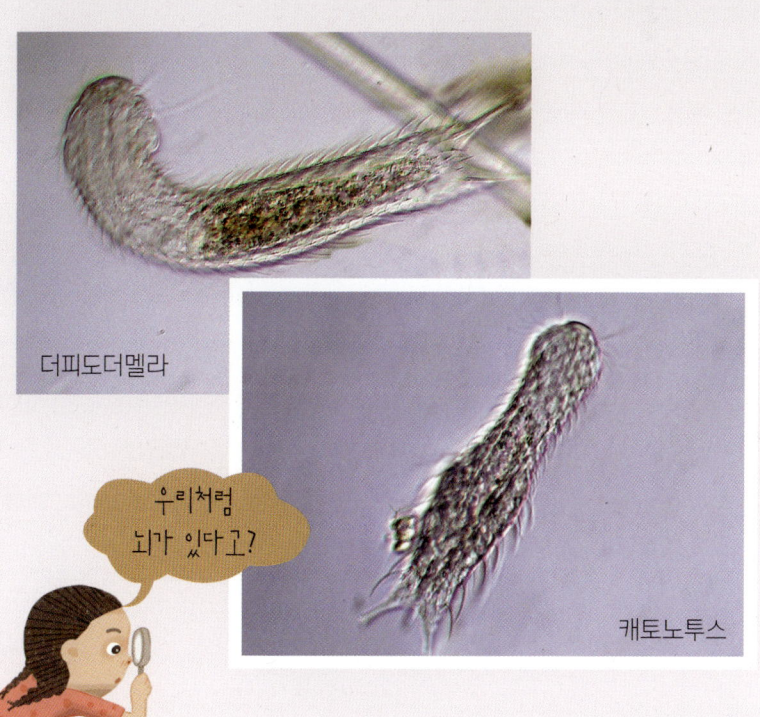

더피도더멜라

캐토노투스

우리처럼 뇌가 있다고?

5-1
우와~ 동물의 왕국 축소판

야생의 세계에서 동물들이 태어나고, 자라고, 사냥하고, 번식하고, 마침내 죽어 가는 장엄한 드라마는 보고 또 보아도 언제나 신비롭습니다. 그런데 플랑크톤을 현미경으로 보고 있으면 마치 동물의 왕국 축소판을 보고 있는 것 같습니다. 슬라이드 글라스와 커버 글라스 사이의 그 좁은 공간에서도 새로운 생명이 태어나고, 먹이를 찾아다니고, 먹히고, 배설하고, 그리고 마침내 죽는 삶의 다양한 면이 모두 담겨 있기 때문입니다.

플랑크톤들은 누군가 자기들을 지켜보고 있다는 것, 곧 슬라이드 글라스 안의 물이 마르면 죽게 될 것이라는 것도 모른 채 그리 열심히 살아갑니다. 자기 덩치만 한 짚신벌레를 잡아먹는 디틸룸의 사냥, 알에서 막 빠져나오는 요각류 유생의 탄생, 그리고 불과 2~3분 만에 개체가 둘로 나뉘는 섬모충류의 이분법은 지금도 기억에 생생하게 남아 있습니다.

마이크로 세계의 동물의 왕국, 언제 봐도 놀라운 자연의 드라마라 할 수 있습니다.

↑ 디틸룸의 사냥. 디틸룸은 짚신벌레를 잡아서 천천히 세포 안으로 끌어들인다.

헛다리를 휘적휘적, 위족충류

위족충류는 편모나 섬모는 없지만 세포의 일부를 길게 늘여 바닥을 천천히 기어갑니다. 손가락처럼 길게 뻗어 나온 부분이 다리 역할을 하는 셈이지만 실제 다리는 아니므로 '위족(가짜 다리)'이라는 이름이 붙었습니다.

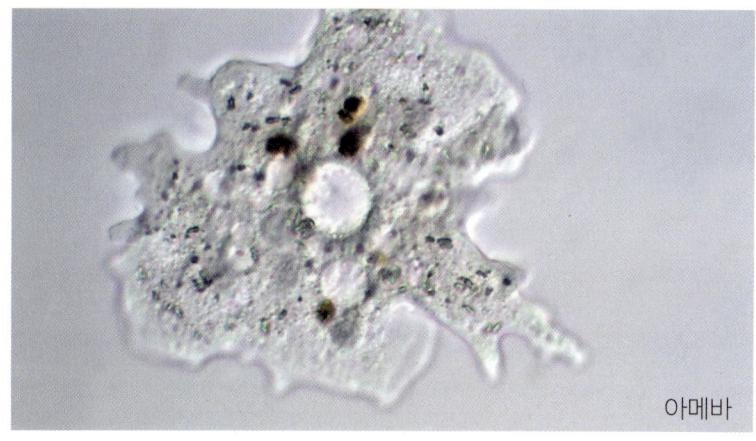

아메바

대표적인 위족충류인 **아메바**는 바다 생활을 하는 생물입니다. 연못 바닥의 침전물을 채집해 왔다면, 현미경 관찰을 할 때 프레파라트를 유심히 살펴야 합니다. 무척 느리게 움직이기 때문에 침전물 덩어리와 잘 구분되지 않습니다.

아메바는 먹이를 사냥할 때도 세포 한쪽을 쭉 늘여 먹이를 감싸서 세포 안으로 끌어들입니다. 세포 안으로 끌려 들어온 먹이는 주머니 모양의 식포에 갇히게 됩니다. 아메바는 소화 효소를 식포에 분비해 먹이를 소화시킵니다.

아메바가 먹이를 세포 안으로 끌어들이는 모습

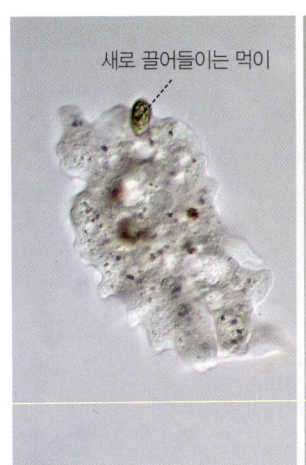 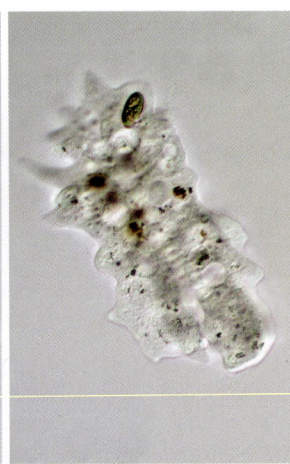 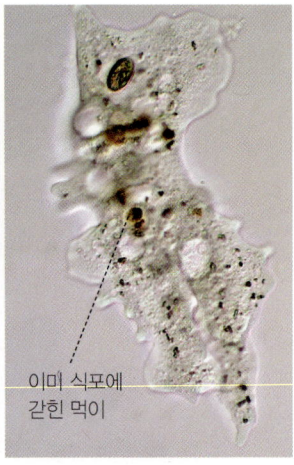

새로 끌어들이는 먹이

이미 식포에 갇힌 먹이

먹이가 일단 식포에 갇히게 되면 그곳에서 천천히 소화가 이루어져요.

작은 해파리 같죠? **아르셀라**는 바가지 모양의 갈색 껍데기를 가지고 있습니다. 아래쪽 가운데 있는 작은 구멍으로 위족을 내어 천천히 움직이지요.

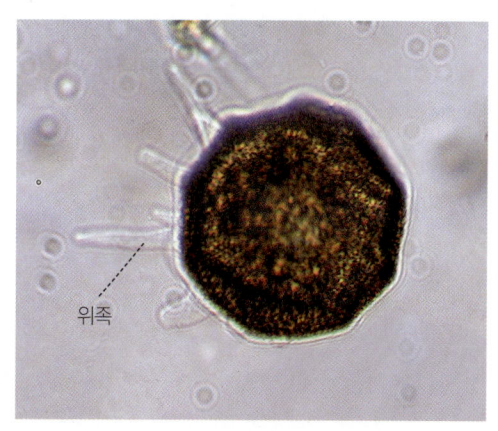
위족

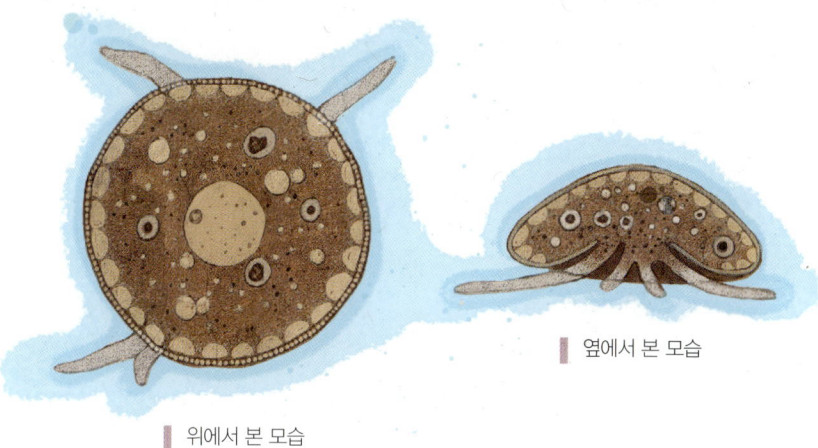

위에서 본 모습

옆에서 본 모습

{ 아메바와 아르셀라는 연못 바닥이나 수초, 바닥에 가라앉은 나뭇잎 같은 침전물에 붙어서 이동하기 때문에 플랑크톤 네트로는 잘 채집되지 않는다. 대신 물속의 나뭇잎이나 수초 조각을 함께 채집했을 때 딸려와 관찰되는 경우가 많다.

가시가 삐죽삐죽, 태양충류

태양충류는 이동 수단이 없어서 연못의 바닥이나 수초 줄기 근처에 머뭅니다. 물속에 잠긴 나뭇잎이나 수초를 채집해 관찰하면 볼 수 있습니다.

악티노스패리움

악티노스패리움은 투명한 공 모양에 뾰족한 가시들(축다리)이 햇살처럼 뻗어 있어 '태양충'이라는 이름을 가지고 있습니다. 먹이가 다가오면 세포 안으로 끌어들여 주머니 모양의 식포로 감싼 후 소화시킵니다.

악티노스패리움이 먹이를 잡아먹는 연속 사진
촬영 시간 약 30분

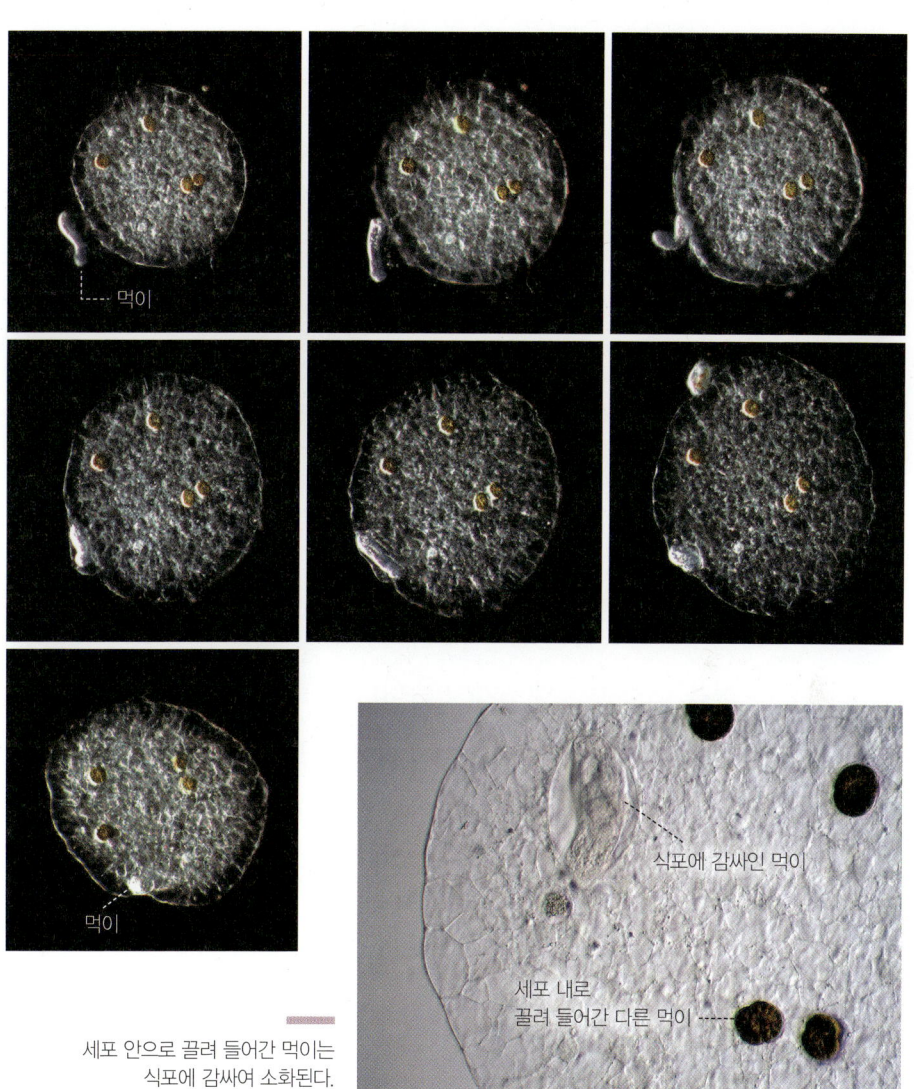

먹이

먹이

식포에 감싸인 먹이

세포 내로
끌려 들어간 다른 먹이

세포 안으로 끌려 들어간 먹이는
식포에 감싸여 소화된다.

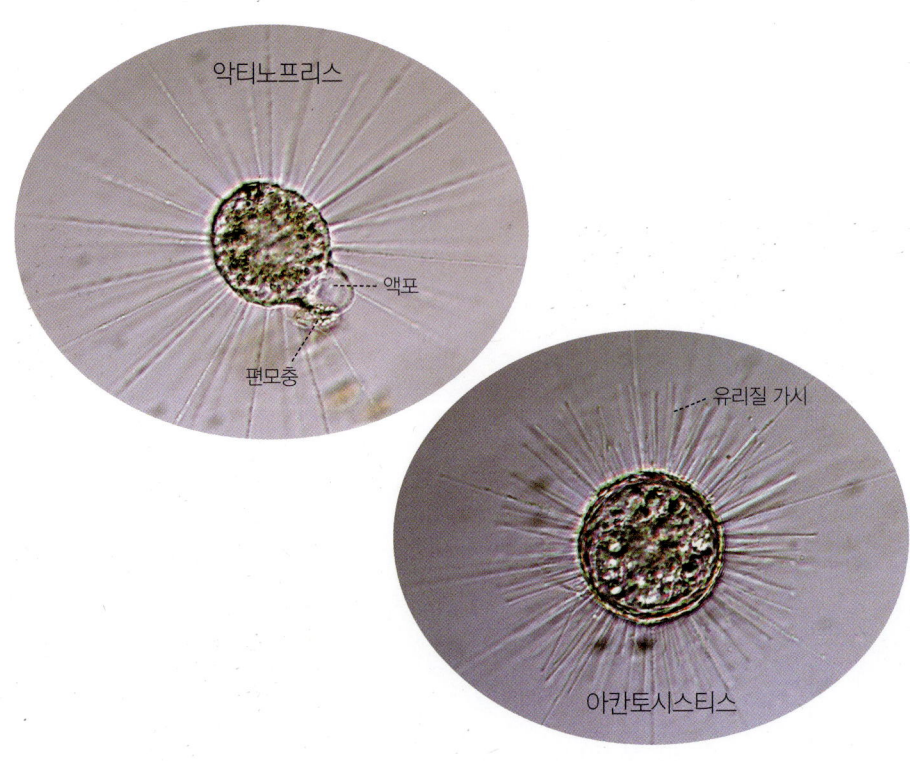

악티노스패리움과 비슷하지만 크기가 더 작은 **악티노프리스**는 물을 배출하는 액포가 있습니다. 그것 때문에 세포의 한쪽이 부풀었다 가라앉는 모습이 반복적으로 관찰됩니다. 사진에는 액포 근처에 작은 편모충이 잡혀 있는 것이 보입니다. 이 편모충은 불과 2분도 지나지 않아 악티노프리스의 세포 안으로 끌려 들어갔습니다.

아칸토시스티스는 뾰족한 축다리 외에도 끝이 두 갈래로 갈라진 유리질 가시들을 가지고 있습니다.

5-2

자연은 최고의 디자이너

현미경으로 플랑크톤의 모습을 가만히 보고 있자면 그렇게 작은데도 그토록 섬세하고 다양한 형태가 있다는 사실에 놀라 입이 쩍 벌어집니다. 어떤 이들은 이런 플랑크톤의 모습에서 아이디어를 얻어 독특하고 아름다운 작품들을 선보이기도 합니다. 그렇게 플랑크톤은 특별한 액세서리나 조각품, 전등 같은 생활용품으로도 탄생합니다. 자연이 만든 디자인을 사람들이 창의적으로 카피하는 셈입니다.

플랑크톤의 모습에서 아이디어를 얻은 다양한 작품들을 만나 보고 싶다면 구글이미지에서 'plankton art'를 검색해 보세요. 루이스 히버트와 사라 파커가 자신들의 작품을 소개해 놓은 홈페이지도 있습니다(http://www.sarahandlouise.com). 에릭 제임스라는 사람은 와편모조류와 섬모충으로 금속 공예 작품을 만들기도 했습니다(http://www.universityaffairs.ca/features/feature-article/heavy-metal-microbes).

비록 너무 작아 쉽게 볼 수는 없지만 이 세상에는 자연이 디자인한 아름다움이 풍요롭게 존재하고 있다는 사실! 현미경으로 플랑크톤을 관찰하고 나서는 주변이 온통 다르게 보입니다.

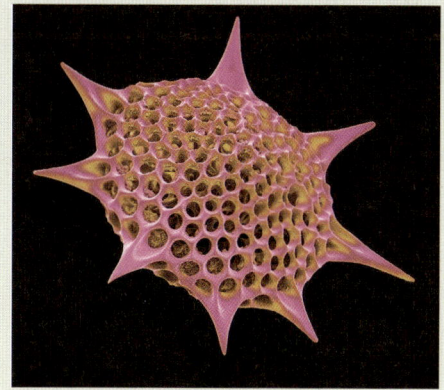

컴퓨터로 색을 입힌 플랑크톤의 모습

수레바퀴가 달린 윤충류

대부분 윤충류는 둥근형 혹은 원통형 모양입니다. 입 주변에 있는 섬모들을 수레바퀴가 돌듯 빠르게 움직여 먹이를 입 쪽으로 끌어들입니다.

윤충류는 몸이 매우 부드러운 것도 있고, '로리카'라 불리는 단단한 껍데기를 가진 것도 있습니다. 또한 그 형태가 무척 다양해서 돌기나 가시, 발이 있기도 합니다.

윤충류는 평상시에는 암컷 혼자 알을 낳는 처녀 생식을 합니다. 어미는 알들을 몸 뒤쪽에 달고 다니며 새끼가 깰 때까지 보호하지요. 알에서 깬 어린 윤충류가 어미가 되기까지는 1주일도 채 걸리지 않으며, 대부분의 종은 1주에서 3주 정도 삽니다.

그러나 물의 양이나 온도 등 주변 환경이 좋지 않을 때에는 암컷이 낳은 알은 수컷으로 자라고, 암컷과 수컷이 짝짓기를 해서 한두 개의 휴면란을 낳습니다.

휴면란은 두꺼운 보호막을 가지고 있습니다. 그래서 극심한 가뭄과 온도 변화 등에도 견디며, 심지어는 몇 년이고 마른 퇴적물 속에서도 살아남을 수 있습니다. 그러다 적당한 시기가 되면 알이 부화됩니다.

　윤충류는 보통 박테리아나 식물 플랑크톤을 먹는데, 몇몇은 육식성으로 다른 윤충류를 먹기도 합니다.

▌윤충류의 한 종류인 브라키오누스

'윤충'은 한자로 輪(바퀴 윤) 蟲(벌레 충)을 써요.

케라텔라는 껍데기의 앞부분에 뿔처럼 생긴 돌기가 몇 개 있습니다. 껍데기에 거북 등과 비슷한 무늬가 있어서 '거북등윤충'이라는 이름으로도 불립니다. 사진 속 케라텔라는 두 개의 알을 달고 있습니다.

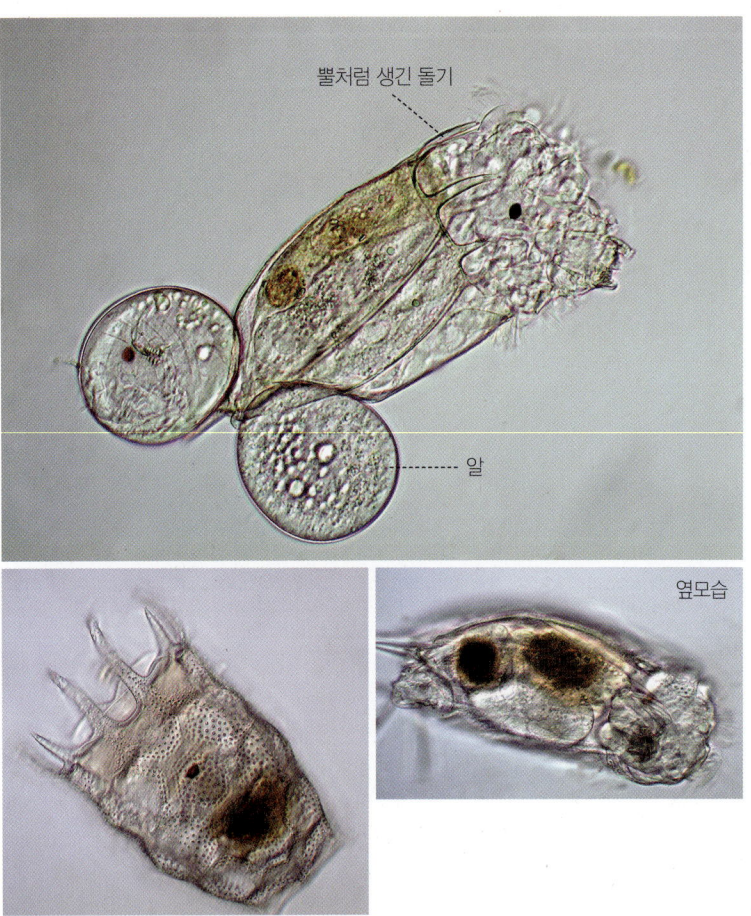

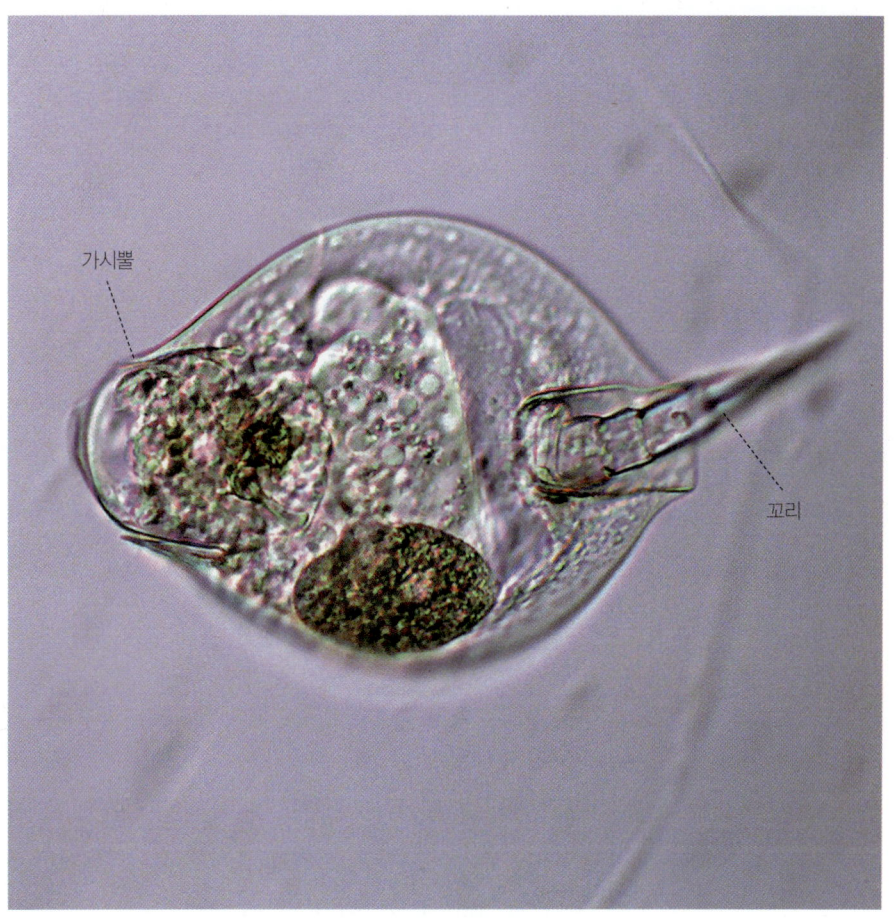

레파델라는 마치 작은 투구게처럼 둥그런 껍데기를 쓰고 있으며, 꼬리는 끝이 둘로 갈라져 있습니다. 입 부분의 껍데기에 있는 뾰족한 두 개의 가시뿔 사이로 섬모관을 내밀어 먹이를 빨아들입니다.

브라키오누스의 껍데기에는 섬모관이 있는 입 부분에 네 개의 가시뿔이 있고, 꼬리 쪽에 두 개의 가시뿔이 있습니다. 껍데기의 형태만 놓고 보면 마치 도깨비 가면처럼 보이기도 합니다.

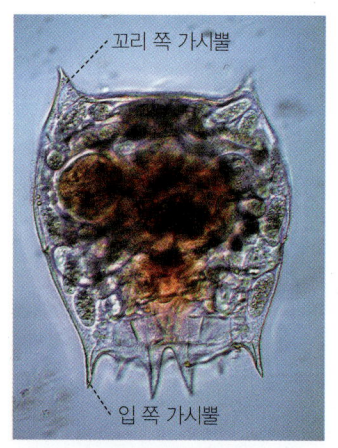
꼬리 쪽 가시뿔
입 쪽 가시뿔

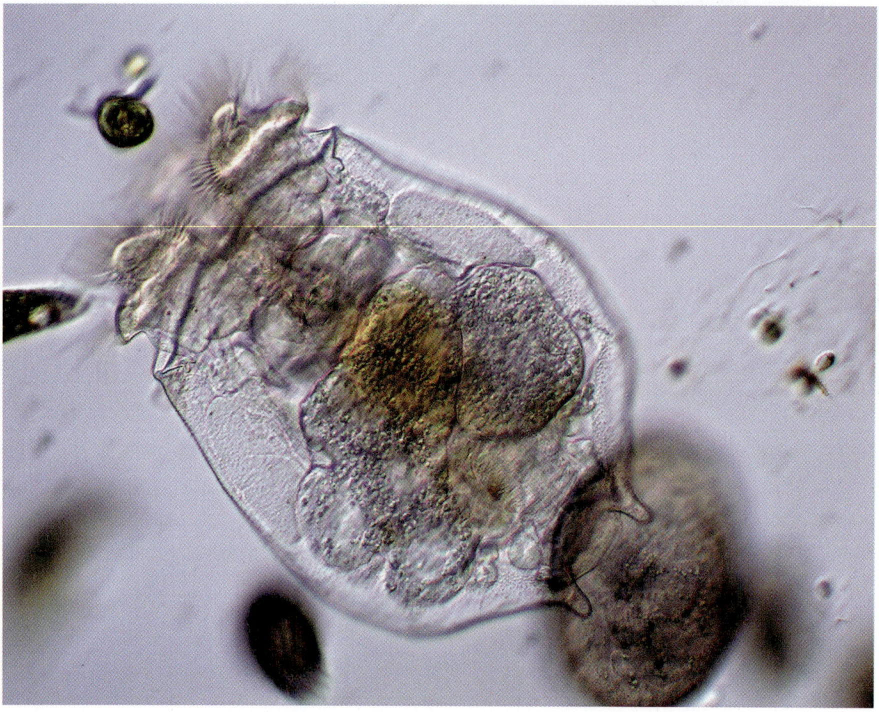

162 연못의 동물 플랑크톤

이 외에도 연못에서 다양한 윤충류를 볼 수 있습니다.

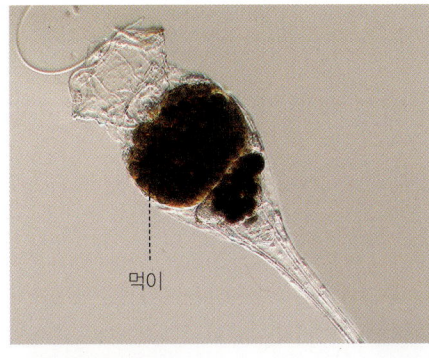

에피파네스
몸이 투명해서 빨아들인 먹이가 그대로 보인다.

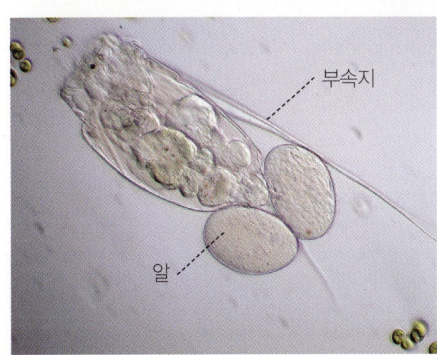

필리니아
자신의 몸보다 두 배 이상 긴 세 개의 부속지가 있다.

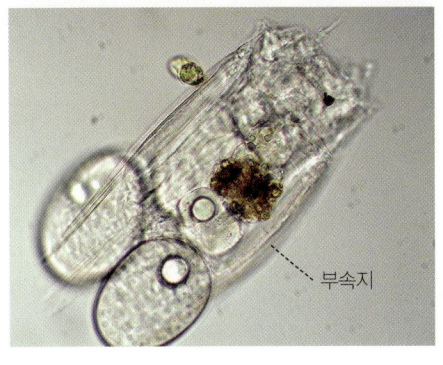

폴리아스라
깃털 혹은 노처럼 생긴 납작한 네 쌍의 부속지를 이용해 빠르게 헤엄친다.

더듬이가 멋진 요각류

요각류는 연못 먹이 사슬에서 중요한 역할을 합니다. 바다에서는 더듬이가 긴 **칼라노이드**가 많이 채집되는 반면 연못에서는 더듬이가 짧고 가슴다리 숫자가 적은 **사이클로포이드**가 흔하게 채집됩니다.

칼라노이드는 몸과 꼬리가 확실히 구분되고, 몸의 마디 수가 사이클로포이드보다 많아요.

칼라노이드

사이클로포이드

▌사이클로포이드의 여러 모습

{ 사이클로포이드는 여러 번 허물을 벗는 동안 모양이나 크기가 달라져 점차 성체의 모습이 된다.

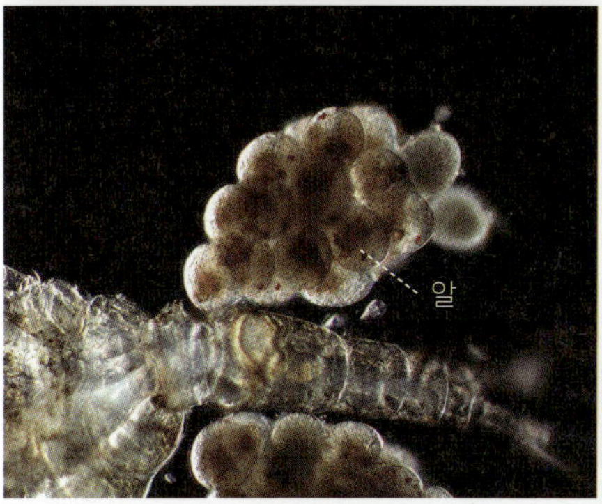

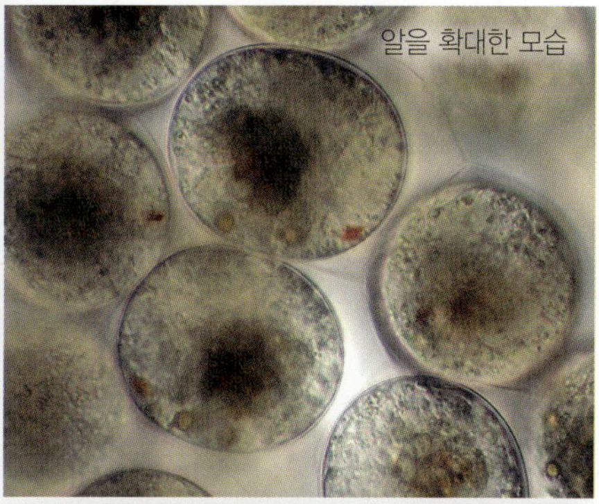

알주머니

알

알을 확대한 모습

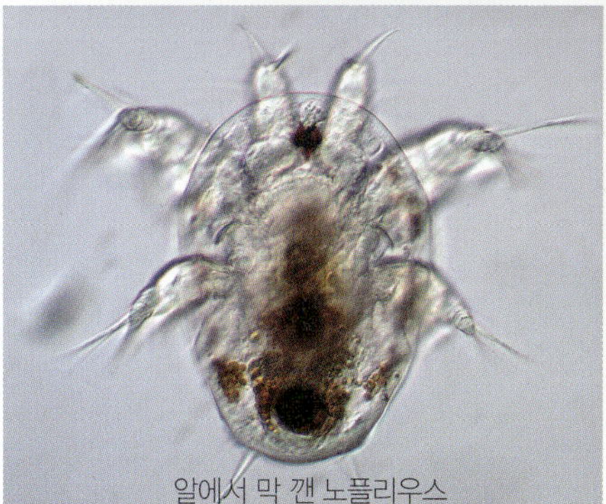

알에서 막 깬 노플리우스

탈피 후 남은 껍데기

큰 눈이 매력적인 지각류

지각류는 투명한 두 장의 껍데기로 몸을 보호하고 있습니다. Y자로 갈라진 긴 더듬이는 헤엄을 치는 데 쓰이며, 마치 벼룩처럼 수면을 향해 톡톡 튀어 올라가다가 내려오길 반복합니다. 여러 쌍의 다리를 이용해 작은 물살을 일으켜 입 쪽으로 먹이를 끌어모읍니다. 대표적으로 **물벼룩**을 볼 수 있습니다.

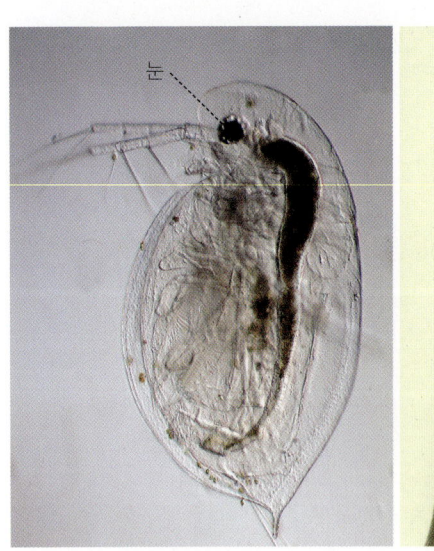

물벼룩을 옆에서 본 모습(왼쪽)과 아래에서 본 모습(오른쪽)
물벼룩은 식물 플랑크톤과 부유 유기물을 먹는다.

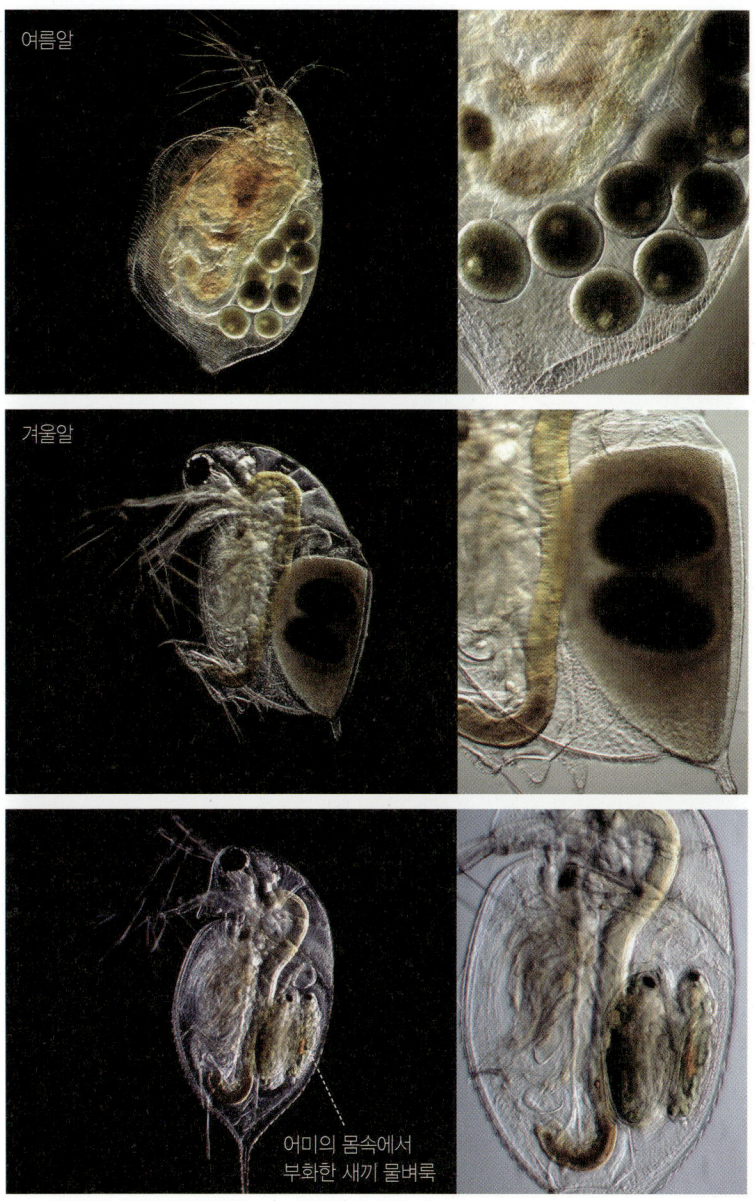

여름알

겨울알

어미의 몸속에서
부화한 새끼 물벼룩

| 물벼룩은 환경이 좋을 때는 처녀 생식으로 여러 개의 알을 낳고(여름알),
환경이 나쁠 때는 짝짓기를 해서 두꺼운 껍데기에 싸인 알을 한두 개 낳는다(겨울알).

조개를 닮은 패충류

싸이프로돕시스를 보면 아주 작은 조개처럼 생겼습니다. 두 장의 껍데기 안에 몸을 숨기고 있으며, 그 사이로 여러 쌍의 부속지(다리)를 내어 재빠르게 이동하면서 먹이를 끌어들입니다. 껍데기를 닫으면 마치 동그란 씨앗처럼 보여 '씨드쉬림프(씨앗 새우)'라고도 불립니다.

껍데기가 열리는 방향에서 촬영한 싸이프로돕시스

하지만 싸이프로돕시스 같은 패충류는 겉모습과는 달리 조개와는 아무런 관련이 없습니다. 오히려 게나 새우와 더 가깝지요. 대부분 밑바닥을 기어 다니며 바다 생활을 하지만, 일부는 물에 떠다니기도 합니다. 전 세계에 2,000종 정도가 있는데, 이 중 3분의 1만 민물에서 살아갑니다.

패충류는 껍데기 표면이 매끄러운 것과 짧은 털이 나 있는 것, 무늬가 있는 것, 무늬가 없는 것 등 생김새에 따라 다양한 종류가 있습니다.

껍데기가 연결되어 있는 방향에서 촬영. 커버 글라스에 눌려 두 장의 껍데기가 활짝 벌어졌다.

{ 부록 }

플랑크톤 관찰 프로젝트로 과학 탐구 발표를 해 보자!

 매년 학교에서는 다양한 과학 탐구 활동들이 활발히 이루어집니다. 여름 방학이 끝나면 항상 하는 과학 탐구 발표 대회, 탐구 과정에 대한 기록을 모은 과학 탐구 포트폴리오 대회, 2007년 개정 과학 교육 과정에 도입된 자유 탐구 등이 그러합니다.

 이런 과학 탐구 활동은 주제 선정, 탐구 계획 수립, 탐구 실행, 탐구 보고서 작성, 보고서 발표의 과정을 거치는데, 이 중 주제 선정은 탐구 활동 과정 중 매우 중요한 출발점이라 할 수 있습니다. 주제를 고를 때는 일상생활에서 경험한 것 중 궁금한 것을 고르면 좋습니다. 플랑크톤은 관심만 가지면 주변에서 쉽게 만날 수 있는 대상으로, 탐구 활동의 훌륭한 주제가 됩니다.

 플랑크톤마다 좋아하는 환경이 다르고, 같은 장소라도 계절에 따라 나타나는 플랑크톤이 다릅니다. 그러므로 플랑크톤을 탐구 주제로 선정한다면 다음과 같은 주제를 생각해 볼 수 있을 것입니다.

❶ 우리 학교 연못에는 어떤 플랑크톤이 살고 있을까?
❷ 연못과 바다에서 채집한 플랑크톤은 어떻게 다를까?
❸ 우리 학교 연못에 사는 플랑크톤은 계절에 따라 어떻게 달라질까?

위의 주제 ❶❷는 비교적 짧은 기간 내에 수행할 수 있는 탐구 활동입니다. 하지만 주제 ❸은 매달 같은 장소에서 채집을 반복해 플랑크톤의 계절별 변화를 살펴보는 것이 핵심이므로, 오랫동안 탐구를 진행해야 하는 심화형 주제라 할 수 있습니다.

첫 시작은 늘 어렵게 느껴집니다. 하지만 한 발 내딛고 나면 생각보다 쉽고 재미있다는 걸 알게 될 것입니다. 현미경을 통해 신비한 플랑크톤의 세계를 직접 관찰해 보세요. 새로운 세계를 경험할 수 있을 것입니다.

도전! 현미경 사진 공모전

현미경을 통해서만 볼 수 있는 마이크로의 세계, 그 속에 숨겨진 아름답고 신비로운 장면을 다른 사람들과 함께 나누자는 취지로 여러 가지 현미경 사진전이 전 세계에서 개최되고 있습니다.

우리나라에서는 오송바이오진흥재단이 주최하는 '국제 바이오 현미경 사진전'이 매년 열리고 있습니다. 이 사진전은 초등학생부, 중·고등학생부, 일반부로 나뉘어 진행되는데, 매년 좋은 작품들이 꾸준히 출품되고 있습니다. 현미경으로 찍은 사진에 약간의 과학적 해설과 재미있는 스토리를 곁들여 주면 과학과 예술, 글쓰기가 어우러진 하나의 작품이 되는 것입니다.

저자는 2011년에 처음으로 바이오 현미경 사진 공모전에 출품하였는데 해파리의 유생인 에피라를 꽃에 비유한 작품이 바이오기술상을 받게 되었습니다. 2013년에는 유종섬모충 사진을 찍어 '병 속에 든 편지'라는 제목으로 바이오문화상을 받았고, 2014년에는 에피라와 노플리우스를 인공위성과 우주인으로 표현한 작품으로 바이오공학상을 받았습니다. 이 책의 화보에 실려 있는 사진들이 수상한 사진을 촬영할 때 함께 찍었던 컷들입니다.

독자 여러분도 꼭 한 번 도전해 보길 권합니다. 우선 오송바이오진흥재단 사이트(http://www.osong-bio.kr)를 방문해 다른 사람들이 찍은 사진을 감상해 보세요. 초등학생부의 경우 주목의 열매, 강아지풀 줄기, 나방 날개 등 우리 주변에서 쉽게 볼 수 있는 것에서 좋은 사진을 찍었습니다.

누구든지 현미경으로 관찰을 많이 하다 보면 생각하지 못했던 대상에서 특별하고 개성 있는 장면을 찍게 될 수 있습니다. 이 책을 읽는 여러분이 수상의 주인공이 될 수도 있습니다. 어렵다 생각 말고 지금 바로 도전해 보세요.

플랑크톤 사진은 누구나 찍을 수 있어요.

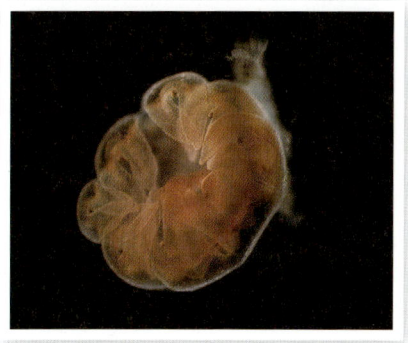
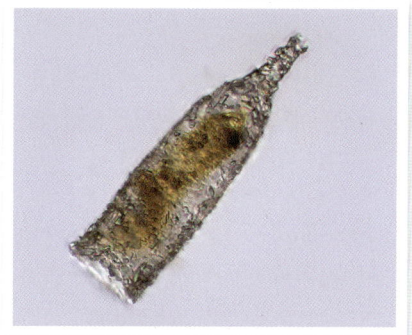

{ 찾아보기 }

ㄱ

개스트로트리치(복모동물) 149
갯지렁이 92
거름종이 30, 31
거미불가사리 95
게 90
고니움(넷중심말) 114
곰포니마(쐐기돌말) 127
규조류 40, 117
김노디니움 130
꽃게 90

ㄴ

나뭇가지종벌레 146
나비쿨라(쪽배돌말) 45, 121
나팔말 112
나팔벌레 147
남조류 102
노플리우스 9, 77, 93, 165
녹조 116
녹조류 105
녹티쿨라(야광충) 66

ㄷ

다이노피시스 65, 71
더피도더멜라 149
독립형 규조류 40

두토막눈썹참갯지렁이 92
디디니움 143
디디모스페니아 127
디틸룸 53
따개비 93
떡조개 91
뗏목말 110

ㄹ

라이소솔레니아 44
레파델라 161

ㅁ

마이리오넥타 79
메갈로파 90
메리디온 127
명태 96
모악류(화살벌레) 87
물고기 알 96
물벼룩 166, 167

ㅂ

바실라리아 125
반달말 107
벨리저 91
보라성게 94
불가사리 95
브라키오누스 159, 162
블레파니즈마 142
빗해파리 86

ㅅ

사슬형 규조류 49

사이클로텔라 117, 118
사이클로포이드 164, 165
사이프리드 93
생물 현미경 30, 31
섬모충류 79, 139
성게 94
수도니치아 57
수리렐라 127
쉬미딩거렐라 80
스켈리토니마(골편돌말) 51
스테파노디스쿠스(고리돌말) 119
스테파노픽시스 56
스틸로니키아 148
스포이트 29, 31
슬라이드 글라스(평판 / 홀슬라이드)
   29, 31
시네드라(대바늘돌말) 127
시누라 113
신캐타 81
심벨리아(반달돌말) 120
싸이프로돕시스 168, 169
쌀라시오니마(부챗살돌말) 58
쌀라시오사이라(끈원반돌말) 50
쎄라슘(뿔말) 64, 129

ㅇ

아르셀라 153
아메바 151, 152
아칸토시스티스 156
아크난테스 47
악티노스패리움 154, 155
악티노프리스 156
알렉산드리움 63, 71
어린 갯지렁이 89, 92

어린 거미불가사리 95
에바드네 78
에스테리오넬라(별돌말) 59, 123
에키노플루테우스 94
에피라 9, 10, 85
에피파네스 163
염주말 104
영구 플랑크톤 75
오돈텔라(실패돌말) 52
오이코플레우라 84
와편모조류 62, 129
요각류 76, 164
위족충류 151
유글레나 131, 132
유도리나 115
유종섬모충 11
유종섬모충류 80
유캠피아 49, 54
유틴티누스 80
유형류 84
윤충류 81, 158
임시 플랑크톤 89

ㅈ

자이로시그마(나선돌말) 46
자어 96
장구말 108
적조 70, 71
조개 91
조류 38
조에아 90
종벌레 145
증대포자 48
지각류 78, 166

질소 고정 104
짚신벌레 139, 140

ㅊ

채집병 26
치어 96

ㅋ

칼라노이드 76, 164
캐토노투스 149
커버 글라스 30, 31
케라텔라(거북등윤충) 81, 160
케토세로스(센털돌말) 55
코레쓰론 43, 48
코스키노디스쿠스(체돌말) 13, 41, 42
코클로디니움 71
콜렉터 26
콜렙스 144

ㅌ

타벨라리아(볼록뼈돌말) 126
태양충 12
태양충류 154
트라켈로모나스(항아리말) 134
트로코포어 91
트리코세르카 81
틴티놉시스 80

ㅍ

파쿠스 133
팔장구말 109
패충류 82, 168

페라니마 135
페리디니움 35, 130
편모충류 131
포돈 78
폴리아스라 163
프레파라트 보관함 31, 32
프로토세라슘 68
프로토센트룸 67
프로토페르디니움 69
프론토니아 141
플라질라리아(김발돌말) 124
플랑크톤 네트 25
피눌라리아(빗살돌말) 122
필리니아 163

ㅎ

하르팍티코이드 77
해캄 106
해파리 85
현미경 관찰 방법 32
훈장말 111
흔들말 103